やっと実現！地域で住まう 玄関のあるくらし

障害のある人のための住宅リフォーム実例集

淺井貴代子（AJU自立の家） 共編

風媒社

はじめに

　重い障害をもっていても自分らしい暮らしをしたいという願いを込め、自分の可能性を創造できる場として、AJU自立の家が、平成2年4月スタートしました。

　この11年間で、AJU自立の家福祉ホームサマリアハウス（下宿屋）を、40人あまりの重度身体障害者たちが卒業し、地域で自立した生活を始めました。

　今まで、重度障害者たちは、地域でひとり暮らしするのは無理だといわれてきましたが、実にいろいろな生活スタイルで実現させています。施設や家族の中で管理され、受け身の生活をしていた頃とはまったく違う生活です。住みたいところに住まいを見つけ、住宅改造をして、伴侶とともに、介助者とともに、自分のことを自分で決める生き方をしています。

　AJU自立の家創立10年を機に、この40余人の中から自立の家周辺に住む人を中心に、20人の暮らしと家のリフォームを記録しまとめ、形として残すことになりました。そして、自立を目指している重度障害者たちへ、ひとり暮らしが夢から実現へのチャレンジにつながるよう、又、住宅リフォームに携わる人への参考になり、住宅施策や産業への新しい提案ができるように、本として発行していく作業が始まりました。

　この本の中に登場する人たちの障害は、おもに脳性マヒ、頚椎損傷、筋ジストロフィーなど、障害が重く、親や家族の庇護のもとの生活や施設生活の長かった人たちです。そして日常生活のいろいろな場面に介助を必要としている人たちです。「施設を出るなら今しかない」「自立するなら今だ」「一人暮らしをしたいという希望を、やっぱり諦められない」という自分の気持ちを大事にして、チャレンジした人たちです。

　自立の家を創るとき、重度障害を持つ人にとっての自分の住まい・自分の空間はあるのか？　自分の部屋という個人の場があれば、自己確立、自己管理、プライバシーのある生活など、自分をつくり上げることができ、かなりな部分で依存することのない、自分の力を主体的に試した生活をできるのではないか、と考え、そして、自分の可能性を作る上でも、必要な場ではないかと考えました。福祉ホームは、当然個室、規則も門限もなし。職員に作られたスケジュールは当然なし。時間と空間を24時間すべて自分で自由にできる場として作りました。

　一般的に重度障害者は、「何もできない人」、「誰かがいつもそばにいないと暮らせない人」といわれていますが、福祉ホームでは自分の場があることで、自分の力をとことん試し、自己決

定する機会をあらゆる生活場面で持つことができ、自立した大人として「普通の暮らし」ができるようになりました。そして、その障害者たちが、市井の人として、誰もがしている「当たり前の暮らし」を実現しました。なんと喜ばしいことかと、うれしい限りです。

アンケートの中で、「自分を取り戻せた」、「ひとり暮らししたかったことが実現できた」、「自分で本当にできるとは思わなかった」という声がありましたが、「自分にこうした力があったことが嬉しい」、「自分の力を信じていてよかった」「夢は実現するんだ」など、重度障害があるが、本当は持っている自分の力をもっともっと評価してほしいと思いました。そして、もっともっと大きな声で、「ほらーあ、できたでしょ！」とも言ってほしい気持ちです。ひとりひとりのこころの奥底には、本当はこうしたものが流れていることを信じています。

と、同時に、「なぜ、こうした機会が重度障害者にないのだろうか？」「経験をつける場が作られないのだろうか」と、障害者の周りにいる多くの専門家といわれる人たちに対する怒りも感じます。

この本で自分の住まいと暮らしを紹介してくださった人達のチャレンジが、心密かに自立生活をしたいと願っている重度障害者へ、「自分も！」というきっかけになることを信じています。そして、重度障害者に対する先入観が、物理的に整われた環境があることで、実に多くの可能性を創造できるという意識に変わっていったら、もっと大きな喜びになります。

この作業に関わってくださった人たちは、「人にやさしい街づくり地域なごやネット」の様々な職種のみなさん、日頃よりAJU自立の家で活動されている「生活の道具相談室」と「やさしい住まいの支援ネット」のメンバーである作業療法士や建築士、建築を教え、学んでいる大学の先生と学生さんたち他、高齢者・障害者の住宅リフォームに興味をお持ちの方々です。約2年半にわたるヴォランティア活動で、ここに障害者の暮らしと住宅リフォームをまとめ、「地域で住まう・玄関のあるくらし」という本として発刊できました。

この本をまとめるあたりまして、「障害者の下宿屋」から卒業された障害者、その障害をもつ人を支援してくださったヴォランティアの方たち、そしてさまざまな分野の方たちに、心より御礼申し上げます。

AJU自立の家
淺井貴代子

目次

はじめに ……………………………………………………［淺井貴代子］2

〈実例取材〉20人の住まいと暮らし …………………………………9

- ●E.Sさん宅
27年の療護施設生活にピリオド　借家をまるごと改造 …………10

- ●M.Hさん宅
滑車を利用して自由自在の家　らくちんドア開閉の工夫 …………14

- ●M.Yさん宅
玄関にリフト、観音開きのドア　すべてリモコン操作 ……………18

- ●Mさんご夫婦宅
夫婦だけの時間も大切にしたい　二人の工夫いっぱいのリフォーム ……22

- ●Yさんご夫婦宅
120年以上建つ古い日本家屋を改造 …………………………………26

- ●H.Mさん宅
建設中に段差をなくし、スイッチなどを低く ………………………30

- ●I.Sさん宅
自立、結婚そしてマイホーム　必要なリフォーム
生活を豊かにするリフォーム …………………………………………34

- ●F.Kさん宅
高倍率の市営住宅を勝ち取った強運の持ち主　玄関の引き戸を自動に …38

- ●A.Mさん宅
公団住宅をヴォランティアさんの手作りで改造 ……………………42

- ●S.Kさん宅
電動三輪車の駐輪場所に苦労　玄関ドアを電動シャッターに ……46

- ●Y.Tさん宅
押入の壁をとっぱらってトイレを広く改造　市販のリモコン活用 …50

- ●I.Tさん宅
リフト3基を使って生活　一人の時間を大切に ……………………54

- ●A.Sさん宅
動線にムダのない暮らしやすい家 ……………………………………58

- ●I.Yさん宅
マンションの自室をもっと障害の重い人への支援オフィスに ……62

- ●S.Kさん宅
体が動くうちは自分でできることは自分で …………………………66

- ●A.Kさん宅
玄関、浴室、和式共用トイレとリフォームいっぱい ………………70

- ●D.Tさん宅
車いすを使っている友人が来られるように改造　あとは所帯を持ちたい …74

- ●H.Yさん宅
床とトイレ　お父さんの手作りで住みやすく ………………………78

地域で住まう・やっと実現！ 玄関のある暮らし

　　●A.Hさん宅
　　リフォーム２代の部屋に住んで …………………………………… 82
　　●O.Yさん宅
　　車いす使用者用の部屋を作ったアパートの大家さん ……………… 88

住宅部位別の改造事例 …………………………………………… 93
　（1）アクセス・アプローチ ……………………………………… 94
　（2）玄関の扉 ……………………………………………………… 96
　（3）玄関・上框・廊下・移動スペース ………………………… 99
　（4）車いす置き場 ………………………………………………… 103
　（5）居住・寝室スペース ………………………………………… 105
　（6）トイレ・排泄スペース ……………………………………… 108
　（7）洗面・整容スペース ………………………………………… 113
　（8）脱衣室・浴室・入浴スペース ……………………………… 115
　（9）台所・食事スペース ………………………………………… 120
　（10）洗濯・物干し・ベランダスペース ………………………… 123

道具・小物の工夫 ─居心地の良さ・使いやすさ ……………… 127
　　玄関ドア ………………………………………………………… 130
　　水洗金具 ………………………………………………………… 134
　　トイレまわり …………………………………………………… 136
　　まとめ …………………………………………………………… 138

〈アンケート〉リフォームした人に聞きました ………………… 141

わたしの住まいができるまで …………………………………… 163
　・資料1　名古屋市障害者住宅改造補助金支給申請書　172
　・資料2　障害者住宅改造補助事業のお知らせ　173
　・資料3　障害者住宅改造補助事業の流れ　175

あとがき …………………………………………［加藤幸雄］176
　　調査・協力・編集者一覧

この本の見方

下表は、本書で取り上げている一人ひとりのリフォームの詳細です。「どこをリフォームしたか」と「どのページに掲載されているか」を示しています。

項目欄の○印は、リフォームしたことを示しています。項目欄の数字は、紹介されているページ数を示しています。また、項目欄内の文字は、内容を示しています。

	氏　名	住まい形態	介　助	屋内移動	頁	玄関	ドア	鍵	取っ手
1	E.Sさん宅	戸建住宅	全介助	電動車いす	10	101 リフト	自動	○	106
2	M.Hさん宅	戸建住宅	全介助	電動車いす	14	○	132	○	
3	M.Uさん宅	戸建住宅	一部介助	手動車いす	18	94 リフト	98 自動	98	
4	Mさん夫婦宅	戸建住宅	一部介助	キャスター付いす キャスター付いす	22	104	98 自動	98	
5	Yさん夫婦宅	戸建住宅	全介助	独歩・ひざ	26	○			
6	H.Mさん宅	分譲マンション	一部介助	キャスター付いす	30		97 自動	97 133	
7	I.Sさん宅	分譲マンション	全介助	キャスター付いす	34	○	自動		
8	F.Kさん宅	公営住宅	全介助	ひざ歩き	38	○		96	96
9	A.Mさん宅	公団住宅	一部介助	手動車いす	42	○	132	133	
10	S.Kさん宅	賃貸マンション	なし	独歩	46	○	○	○	
11	Y.Tさん宅	賃貸マンション	なし	電動車いす	50	○			131
12	I.Tさん宅	賃貸マンション	全介助	電動車いす	54	○	○	○	○
13	A.Sさん宅	賃貸マンション	全介助	ひざ歩き	58	○			131
14	I.Yさん宅	賃貸マンション	全介助	電動車いす	62	95			
15	S.Kさん宅	賃貸アパート	なし	キャスター付いす	66	○			
16	A.Kさん宅	賃貸アパート	全介助	ひざ歩き	70	○	97		○
17	D.Tさん宅	賃貸アパート	一部介助	ひざ歩き	74	99		○	
18	H.Yさん宅	賃貸アパート	一部介助	ひざ歩き	78	101	○		
19	A.Hさん宅	賃貸アパート	一部介助	ひざ歩き	82	103	自動	○	
20	O.Yさん宅	持家アパート	全介助	電動車いす	88	○	自動		131

〈項目について〉
　　玄　関…………アプローチ通路を含む
　　水　洗…………トイレの水栓レバーを工夫している
　　水栓レバー………洗面台・台所の蛇口
　　床………………住宅内の床・居室・寝室を含む
　　スイッチ…………住宅内のいろいろな箇所のスイッチの位置・形などについて
　　　　　　　　　　リフォームしている
　　コンセント………住宅内のいろいろな箇所のコンセントの位置を変えている

トイレ	水洗	浴室	シャワー	洗面台	水栓レバー	床	台所	水栓レバー	ベランダ	スイッチ	コンセント
112	○	118 リフト	118	113	○	106				107	107
109		リフト									
○	○	118	118	113	○		120	135	124	○	○
○	○	○	○				○	○	125	107	107
111		119 リフト	119	114	○	102			○	○	○
	137	117	117	○	136		121	136	○	○	○
○			○	113	○	105	○	○		○	
○		○	○	114					125	107	
109		○	○			106	121	○	○		
○		116	116		○			135			
110	137	○				○		135	○	○	
112 リフト	○	リフト				107 リフト		○		○	
○	137	○	○	114	135	○		○	○	○	
			○			106					
110		○	○							○	
111		117	117			○	○		124		○
108		○	○			○		135			
○	○	115	115	○	○			○	○		
○		リフト	○			○				○	○

〈実例取材〉
20人の住まいと暮らし

編集　淺井貴代子
　　　大谷　京子

E.S.さん宅

27年の療護施設生活にピリオド
借家をまるごと改造

プロフィール

一軒の古い日本家屋を借り一階部分を丸ごと改造して生活しているEさん。起きる時間寝る時間が決められ、すべて管理された金沢での27年間の療護施設生活から、このままで一生終わりたくない、自分らしい生活がしたいという思いで自立生活を目指して知り合いのいない名古屋での生活にチャレンジしました。

きっかけは、自分と同じような人が、自立生活をし始めたこと。「今こそ！私も！」と思ったそうです。

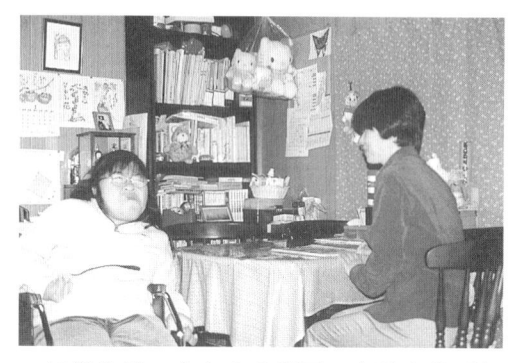

日常生活のあらゆる場面で介助を必要とする脳性マヒの障害のあるEさんですが、部屋のカーテンを自分の意志で自分の好きな時間に開け、一日の始まりを自分で行動することができることに限りない自由と解放を得ることができたと聞きました。そして、いよいよ、障害者の住まい・下宿屋を出て、長い長〜い団体生活から、地域で本当にひとりの自分の家での生活を始めました。そこが自分の居場所と決めて、外に出るときは不安と興奮が入り乱れていました。

住宅改造に関しても、特別の知識があったわけではなく、ホームを出なければならない期限が目前に迫っての住宅探し・改造であり、そのため「細かいところになかなか気が回らなくて」と当時をふりかえっていました。しかし、そんな日常の一コマ一コマの不備も"自分で生活している"という喜びにかえて、現在の生活を謳歌しています。手が不自由なので、電動車いすも電話もファクシミリもパソコンも、足で自由自在。

福祉ホームで培われた人脈を基盤に「常に友人、知人、ボランティアさんが気軽に訪れて、ワイワイやっていくんですよ。たまり場みたいに……」と人との交流に生活の力の源があるようです。

暮らしの状況

暮らし：ひとり暮らし
障　害：脳性マヒ
　　　　1級
ＡＤＬ：全介助－食事、排泄、入浴、更衣、整容など
介　助：ガイドヘルパー制度利用
　　　　生活保護の他人介護料利用ボランティア
　　　　自立支援事業利用
　　　　障害者活動の介助など
　　　　内容－食事、入浴、トイレ、食事作り、家事
移　動　屋内－手動車いす（足操作）
　　　　屋外－電動車いす（足操作）

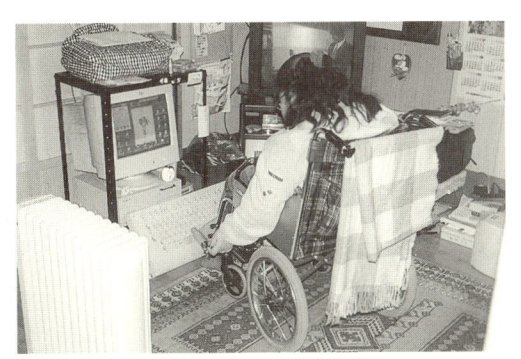

足でパソコンを自由に操作

改造のエピソード

　古い日本家屋で、大家さんから好きなように改造し自由に使ってもいいと言われた。部屋数は多かったが、トイレは階段の下、お風呂は狭くどう改造するか、作業療法士、建築士、大工さん、介助者のボランティア、障害を持つ人など、みんなで相談。結果、生活の動線や介助にも時間がかかることを考え、ベッドから近い所にサニタリーを持ってくることに決定。居室のとなりにあった空間を利用し、介助者が介助しやすいようにを第1に、風呂とトイレのスペースを充分にとった。

　床を全部はずし、重い電動車いすで動けるよう補強した。かび臭い押入を使いやすくし、暗い部屋を明るくし、自己資金をめいっぱい使った改造になった。

改造後の生活

　段差解消機に半分乗りかかったところで、スイッチをいれてしまい、電動車いすごと後転したことがある。

　緊急時のことを考えて、当初はトイレに鍵をつけなかったが、ボランティアさんが使用中に開けてしまったり、人の出入りの多い生活のことを考えて取りつけた。

　電気機器が多く、ブレーカーが飛ぶことがたびたびあり、供給電力を上げてもらった。台風で停電になったときは、段差解消機が動かず、以前生活していた近所の福祉ホームへ避難した。

　いろいろなことがあるが、自分の場所を得たことで、生活は施設にいたときとは全然違って充実している。ひとり暮らしを始めてしばらくは、ボランティアさんが来なかったらどうしようという不安が大きかったが、今は、障害者運動で活動していくことや自分の役割を果たすことでの苦労や心配の方が大きい。実際に生活してみると、日常生活上の不安は何とかなることも分かり、自分の生活をしているという満足感がある。

ここがお気に入り

・風呂

　リフトの機種を決めるまでに、色々試してから、決めてよかった。
何と言っても広いこと。

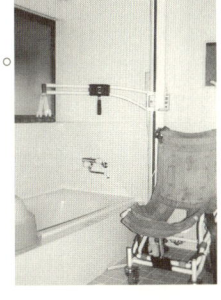

・トイレ

　水洗を足でできるように。ここもとても広いので介助者も楽!!

・居間

　台所と一体で家の中心になり、自分もどかっと中心にいられる。

改造前図

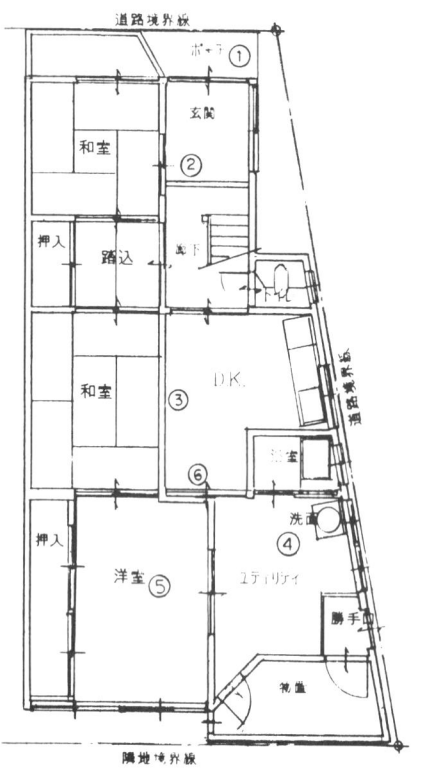

> 車いす収納場などに使っている。改造なしの部屋

> とびらの下方に取手をつけて足操作での開閉を可能にしている。

> いつも友人・知人がわいわい集まる"たまり場"。深夜すぎになることも…

> 車いすでぶつかり壁にキズをつけないようにガードをとりつけた。

> 以前はタタミだった部屋をフローリングに改造。もちろん段差なしです。

> スイッチ類を足操作で下方に設置したが、実際はボランティアが活用するので下方である必要はなかった。

改造のポイント

- 介助者が介助しやすいように工夫したい。
- 数年先の自分の生活を想像して、自宅や地域での生活が長く続けられるように工夫したい。

1. アプローチ段差、玄関扉を一人でも出入りできるように
2. 玄関スペース段差を一人で出入りできるように、また充電用電源を設置
3. DKと和室を一体で使用できるように
4. トイレ・浴室をそのままでは使えないので、介助者を考慮したトイレ・浴室・洗面を作る
5. ベッドルームとして使えるよう、設備機器を含めて考える
6. 各出入り口は車いすでスムーズに移動できるように

改造費用：助成利用100万円
　　　　　日常生活用具給付32万円
　　　　　自己資金179万円

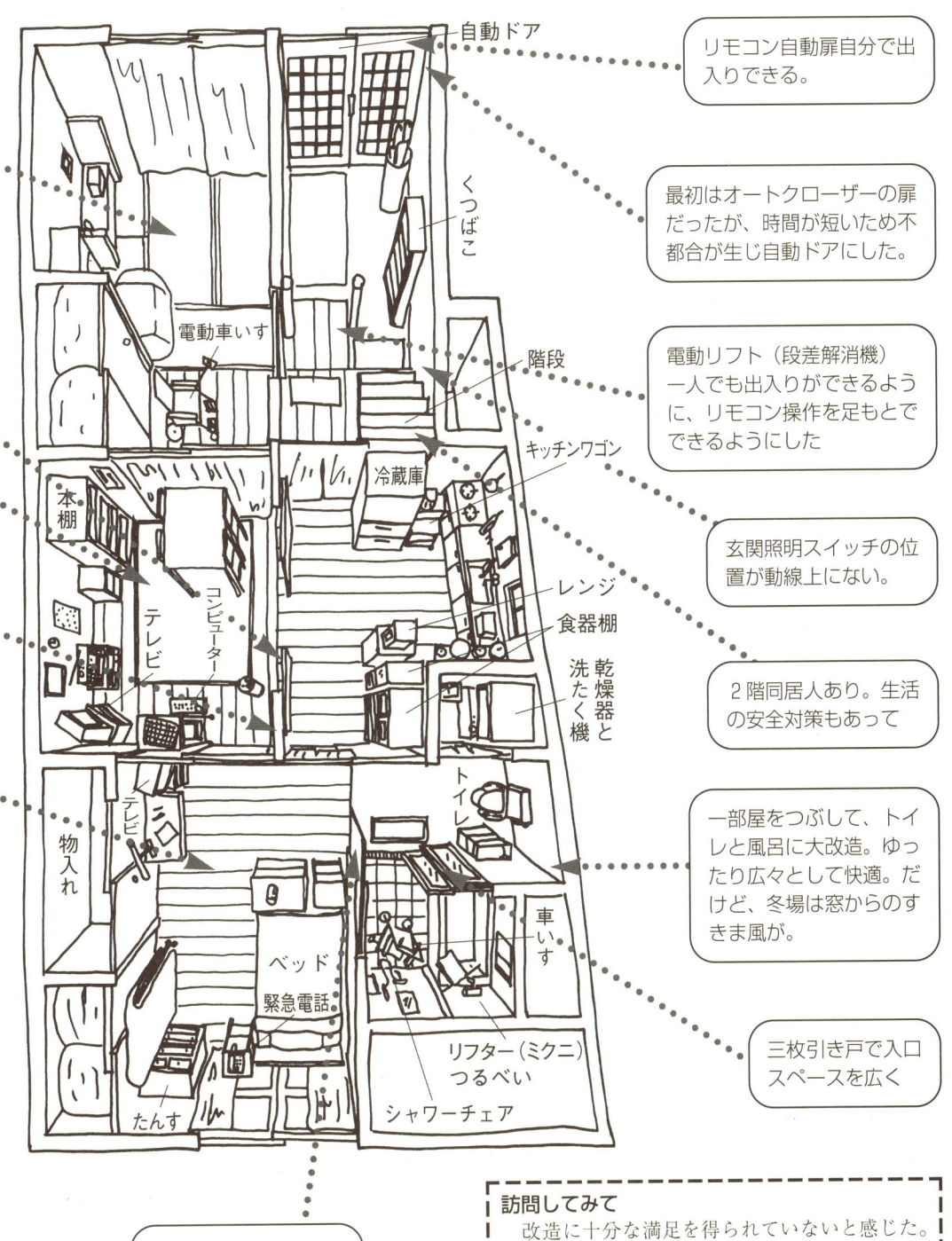

間取り図ラベル:
- 自動ドア
- くつばこ
- 電動車いす
- 階段
- キッチンワゴン
- 冷蔵庫
- 本棚
- レンジ
- 食器棚
- コンピューター
- テレビ
- 乾燥器と洗たく機
- トイレ
- テレビ
- 物入れ
- 車いす
- ベッド 緊急電話
- リフター(ミクニ)つるべい
- たんす
- シャワーチェア

吹き出し:
- リモコン自動扉自分で出入りできる。
- 最初はオートクローザーの扉だったが、時間が短いため不都合が生じ自動ドアにした。
- 電動リフト（段差解消機）一人でも出入りができるように、リモコン操作を足もとでできるようにした
- 玄関照明スイッチの位置が動線上にない。
- 2階同居人あり。生活の安全対策もあって
- 一部屋をつぶして、トイレと風呂に大改造。ゆったり広々として快適。だけど、冬場は窓からのすきま風が。
- 三枚引き戸で入口スペースを広く
- かぎをつけて家族やボランティアさんのプライバシーを確保した。

訪問してみて

改造に十分な満足を得られていないと感じた。以前の生活に比べれば、夢は確実に実現できているという思いはあるものの、最初の話し合いの時に色々聞いてもらえずに、ことが進んでしまったようだ。施設の利用期間の期限が迫っていて、家づくりにこだわりきれなかったことへの反省が残った。

この経験を生かして、新しい家づくりに挑戦してほしい。その時は十分手応えのある家になると思う。

調査：田原・鈴木（さ）

M.H.さん宅
滑車を利用して自由自在の家 らくちんドア開閉の工夫

プロフィール

昭和区に住むMさんは脳性マヒによる障害を持ち、3DKの広いアパートの一階部分を借り、家で仕事をしながら暮らしています。

この生活を始めるまでは、「自分で靴下もはけないのに、どうして自立生活ができるの？」という考えの訓練施設で、何とか生活を変えたいけれども、どうしたらいいか分からない日々を過ごしていました。が、たまたま知人から、自分の力を試せる福祉ホームの存在を聞き、「もう帰る場所はないんだ」という覚悟で福祉ホームへ入りました。地域での自立生活をめざし、収入と介助者の確保に努力しました。当初は自立したい思いと、どのように自分の生活を作るのかという不安とが入り交じっていましたが、福祉ホームに入ったことで具体的な生活のイメージを作ることができました。広めのアパートが見つかったことで、介助者もゆったり泊まってゆける広さがあり、安心。

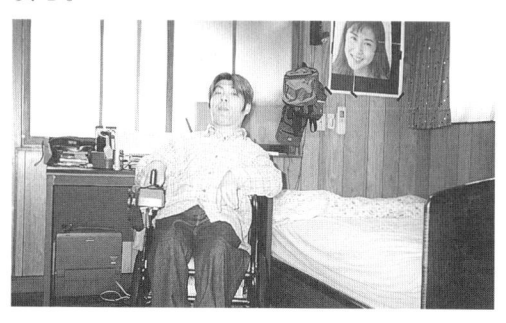

暮らしの状況

暮らし：ひとり暮らし
　　　　在宅就労
障　害：脳性マヒ
　　　　1級
ADL：自　立－移動、外出
　　　　要介助－起居、整容、更衣、入浴、排泄、移乗
介　助：自立支援事業利用
　　　　ヴォランティア
　　　　内容－入浴介助、家事援助など
移　動：屋内　電動車いす
　　　　屋外　電動車いす

改造のエピソード

ヴォランティアさんによる改造

・滑車を利用して玄関ドアの開閉を手助けする道具を設置。まず鍵を開け、車いすを後退させた後外側のひもを引っ張って開け、中に入る。スロープを上がった後

内部の重りがついているひもを引っ張るとドアが自然に閉まる。家にいるときは鍵はかけない。

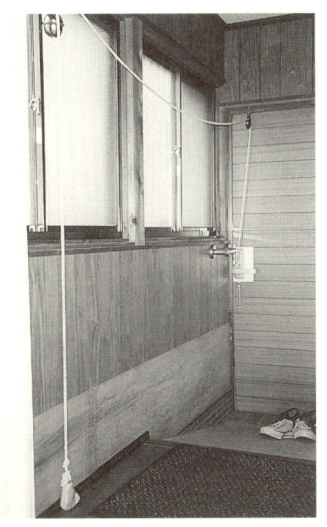

・トイレ３枚扉を同時に閉める紐設置
　３枚それぞれ閉めなくても一枚引けば３枚ともくっついてくる。

　家を探すまでに半年、契約から工事までに半年と、とても時間がかかった。家賃を福祉ホームの分とアパートの分と２重に払うことになり大変だった。
　具体的な工事に関しては、業者さんと、うまく意志疎通ができたが、訪問調査の段階での専門員との意志疎通がうまくいかなかった。（どこまで改造していいのか、自分自身がわからなかったから）
・浴室リフトが悪く、途中で止まってしまうことがある。電気系統の故障が多い。湿気のせいかなーと思う。部品の交換や修理でその都度済ませている。

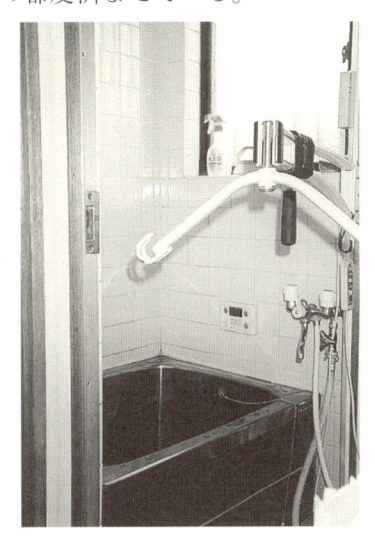

改造後の生活

　部屋数が多いところが借りられたので、友達を安心して多く呼べるようになった。

ここがお気に入り

　なんといっても、自分で思いついた、会社とひもと重りの工夫でできる扉の開閉。
　そして、いつもいる洋室。日中は、ここで一人で仕事をしたり、音楽を楽しんだりしている。なんでもこなせる一人の時間と空間が気に入ってる。

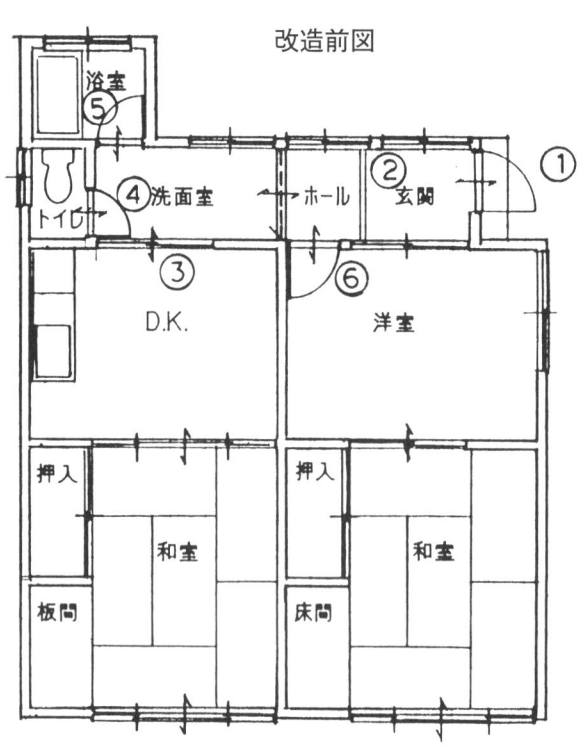

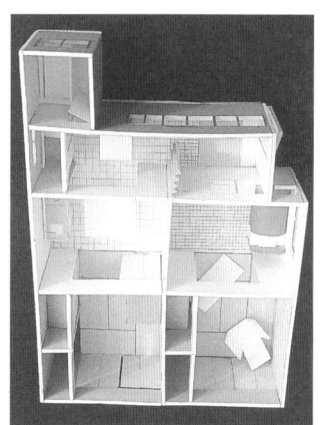

改造前図

リフト
初めの頃、取りつけが悪く、止まることがあった。

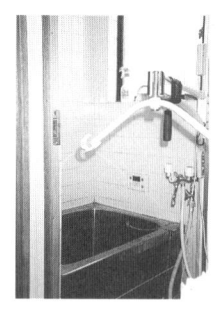

浴室
廊下に電動車いすを置いて、そこからリフトで浴室内、浴槽へ。

台所　自分で家事をすることがないため、ほとんど改造せず。

滑車を利用した玄関扉開閉システム。手すり。これはほとんど意味なし！
案‥本人　製作‥ヴォランティア

開き戸を引き戸に変えるため、廊下に建具と扉が出ている。

改造のポイント

・介助者が介助しやすいようにしたい
・数年先の自分の生活を想像して、自宅や地域での生活が長く続けられるように工夫したい

1. 電動車いすで出入りできるよう段差・玄関扉錠を
2. 車いすで移動できるよう玄関框の段差
3. 移動しやすいよう建具を
4. 車いすでトイレをしようできるように
5. リフトを使って入浴できるように
6. 居住室として使用できるよう建具を

改造費用：助成利用100万円
　　　　　自己資金30万円

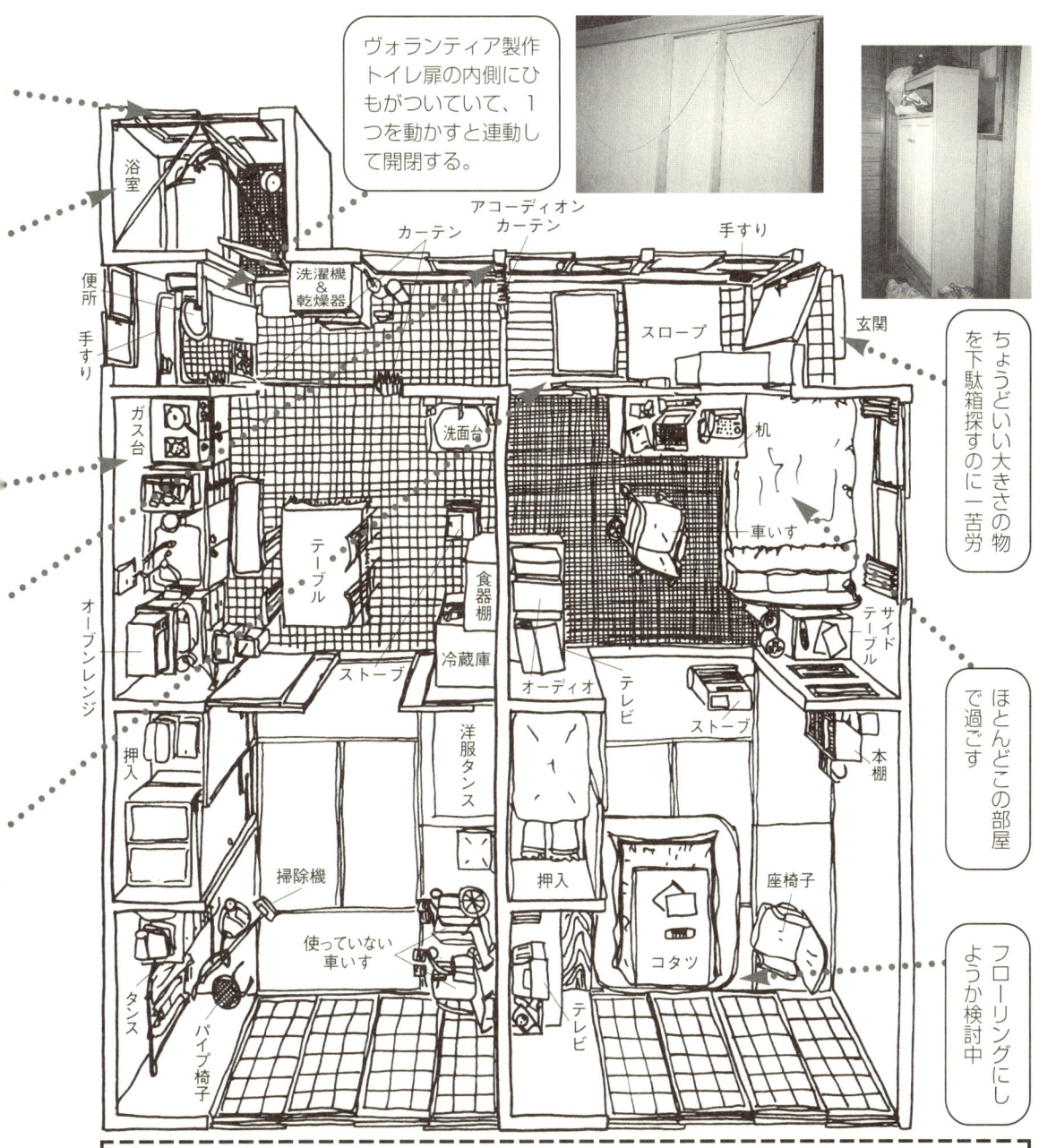

ヴォランティア製作
トイレ扉の内側にひもがついていて、1つを動かすと連動して開閉する。

浴室
便所
手すり
ガス台
オーブンレンジ
押入
タンス
パイプ椅子
掃除機
使っていない車いす
洗濯機＆乾燥器
カーテン
アコーディオンカーテン
洗面台
テーブル
食器棚
ストーブ
冷蔵庫
洋服タンス
押入
オーディオ
テレビ
テレビ
コタツ
手すり
スロープ
玄関
机
車いす
ストーブ
サイドテーブル
本棚
座椅子

ちょうどいい大きさの物を下駄箱探すのに一苦労

ほとんどこの部屋で過ごす

フローリングにしようか検討中

訪問してみて

　Mさんにとっての「住まい」とは、一番落ち着ける場所であり、「リフォーム」とは、生活しやすい環境にしていくためのものと話していました。改造までの段階では、初めての人にとってはわからないことが多いので、リフォームに関わる専門家の方には、本人にわかりやすいように説明してもらいたいと思いました。

　特に、家探しや申請関係など、そのような情報が簡単に得られるように、自立の家のような施設（もしくは区役所など）からの発信やインターネットなどを使った情報提供など（HPの掲示板の利用など）を多く行い、情報を引き出しやすくするといいと思いました。

　訪問してお話を聞いて感じたのは、自立の家（初めから障害者のことを考慮して作られた場所）と現在多く建っているマンションを改造した家を比べた場合、いくら改造できても、元々の広さに違いがあり、手すりをつけたり段差をなくしたりすることはできるが、廊下幅を広げたり部屋を広くしたりすることは難しく、初めから高齢者・車いす使用者などの使用を考慮した住居を一定数コミュニティの中に確保する必要があるのではないかと思いました。

調査：満井・高山

M.Y.さん宅
玄関にリフト、観音開きのドア、すべてリモコン操作

プロフィール

　車いすに乗って生活をしている女性です。外出時は電動車いすを使い、屋内では、手動の車いすを片手で操作しています。養護学校を卒業後、希全センター更生施設に入所。福祉施設へ実習に来ていた学生から福祉ホームのことを聞き、自立生活体験室を利用して自信をつけ福祉ホームに入居し、4年間、自分で自分の生活を管理する、規則のない生活をしました。それまでの生活とは180度かわり、何でも自分で考え責任を持つ生活になりました。

　料理をすること、介助者に自分のしてほしいことを指示することは大変でしたが、自立したい気持ちは固く、4年後、アパートで一人暮らしをしました。料理や掃除・洗濯は、ホームヘルパー制度を利用して家事をしています。

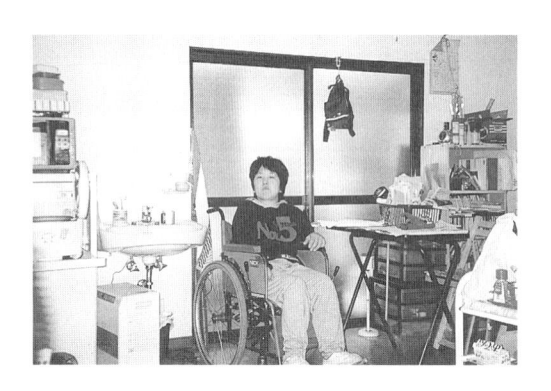

暮らしの状況
暮らし：ひとり暮らし
障　害：脳性マヒ
　　　　1級
ＡＤＬ：自立－食事、更衣、整容
　　　　　　　移動、外出
　　　　半介助－入浴
介　助：ホームヘルパー＋ヴォランティア
　　　　内容－家事、炊事、
移　動：屋内－手動
　　　　屋外－電動車いす

改造のエピソード

　できるだけ自分でできるように工夫したいということ

　介助者が介助しやすいようにということを基本においた。

　玄関先に段差解消機があり、それに乗って部屋にはいるようになっている。

　家全体が坂の途中にあるため、玄関までの高さが1mあり、名古屋市の助成金の範囲内で改造

できないため、別の部屋を探した方がいい

とまで言われた。他を探しても中々みつからないし、契約もしてあるので自分たちで考え、段差解消機を探し、名古屋市へ提案してやっと許可がおりた。また、工事で玄関先を深く掘りすぎたため、60万円のリフトが90万円のリフトになってまった。しかし資金面に問題があり、リフトが上昇した先にスロープを設け玄関にはいるように工夫した。玄関の扉は、自分の要望としては3枚の引き戸がよかったが、スロープを設けたため観音開き戸となった。

改造をしてくれた人は、障害者の家のリフォームは初めてでした。

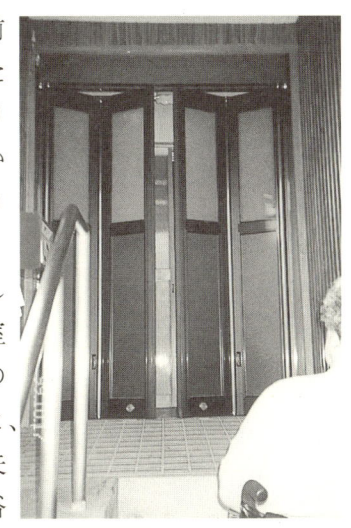

家の中は、前に住んでいた人がフローリングをしていたので助かりました。

一番苦労したのは、浴室に入るときの自分の動きと、洗い場の工夫でした。入浴する際、腹ばいになるため、浴室から足が出てしまう。そこで、浴室へスムーズに入れるように、浴室の入り口に自分の身長を補う台を作ってもらい、その台を置くようにした。

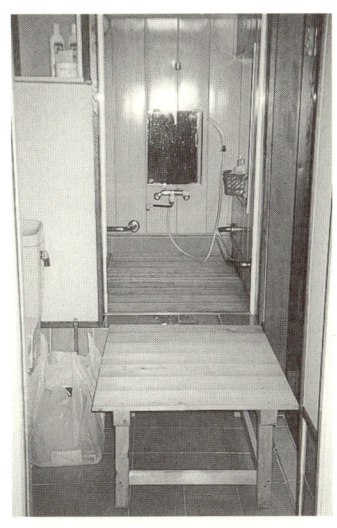

ここがお気に入り

・ベランダとサッシ戸のレールの溝を埋める板

ベランダに出る際に車いすの前輪がサッシにはまり、動けなくなったことがあり、サッシの幅の板を作り、さらに車いすに乗ったままその動作ができるように、板の端にひもをつけ、使いやすくした。

改造してみてその後の生活

もともとフローリングだったので、床の工事をすることはなかったが、部屋に収納スペースが少ない。現在はどうしても足下に物を置くため、動きにくくなっているので、今後、収納スペースをつくりたい。

車いすを置くスペースを確保するためにも、もう一つ部屋があるといい。

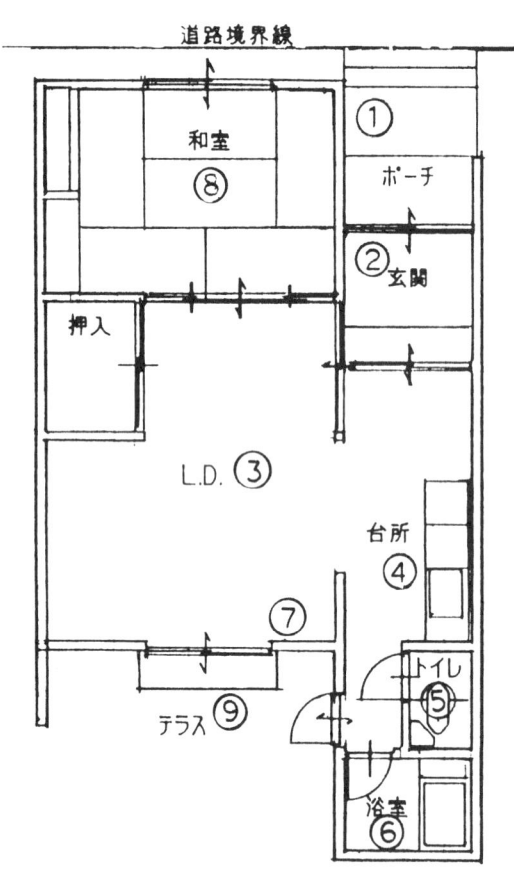

床は入居当時よりフローリングだった。

ウッドデッキに出る時、サッシに車いすの前輪がはまらないように、板を敷いてフラットになる工夫がされている。

ウッドデッキの高さを利用して、洗濯機を埋め込んで使いやすい高さにしてある。

裏に庭がある。でも車いすのままでは出れないのでウッドデッキをつくった。

改造のポイント

1. 電動車いすで出入りできるよう段差を検討
2. 車いすのまま扉の操作ができ、室内へ移動できるように
3. 車いすで自由に動きまわれるように
4. 車いすに座って作業できるように
5. トイレを使えるように
6. 入浴できるように
7. 洗面ができるように
8. ベッドルームとして使えるように
9. 洗濯・物干しができ、中庭を楽しめるように

改造費用：助成利用100万円
　　　　　日常生活用具給付19万円
　　　　　自己資金281万円

- 窓があるが、前にタンスがあるので自分では開けることができない。

- 家の前はゆるやかな坂、玄関先は大幅に改造した。土間をなくし、昇降機を設置。道路面から家の中に入るまでの目線の高さは2m以上となる。

- 昇降機の横には手すりと階段

- 玄関のドアは4枚開き（かんのタイプ）、リモコンでラクラク操作。車いすも余裕で入れる！施錠もOK

- 流し台の下の扉をとりはずし、車いすでアプローチしやすいようにした。

- 蛇口は、ハンドルタイプ。そこに、針金のハンガーをつけて更に操作しやすくしてある。

- お風呂とトイレは続いている。トイレの戸はカーテンと3枚戸入って左側によっている。トイレ操作は大きなリモコン盤がついている。

- このお風呂用すのこはいつもウッドデッキに干してある。

- 高さを合わせ作った木の台（入浴の際、お風呂場は狭く、足がのばしきれないため）

- お風呂は、浴槽と床がすのこでフラットになっている。浴槽のまわりには手すりがはりめぐらしてある。

図中ラベル: 服かけ、服かけ、ベッド、電動車イス、手すり、昇降機、押入れ、電話、柱、冷蔵庫、ステレオ、マット、ガスコンロ、キッチン、電子コンロ、TV、ヒーター、炊飯器、洗面台、ごみ箱、ベランダ、電子レンジ、手すり、トイレ、お風呂

訪問してみて

お話をお聞きしてみて思ったことは、改造と開くと大がかりなことをすぐ想像しますが、ちょっとした工夫ですむこともあるんだなと思いました。そして、暮らしてみないとわからないこともいっぱいあるんだなあ、と。
とてもにこやかに、又詳しく説明していただいたので、いろいろと話し込み、大幅に時間を過ぎてしまいました。

調査：古田・淺井

Mさんご夫婦宅

夫婦だけの時間も大切にしたい
二人の、工夫いっぱいのリフォーム

プロフィール

住宅街にある木造平屋建て借家に住んでいるMさんご夫婦は、平成10年12月より、二人の生活を始めました。

ご夫婦二人とも脳性マヒの障害を持ち、お二人とも仕事をしています。できるだけ自分たちでやっていこうと、介助の必要な部分のみヘルパー制度と民間の介助者派遣を活用して、生活をエンジョイしています。朝と夜の食事作りと奥さんの食事介助や家の掃除などを依頼しています。以前の自宅での生活を参考に、自分たちでできる工夫を生活にとり入れ、介助者のことも考慮して生活設計をすれば、ふたりですごす自由な時間が増やせるだろうとの思いで、今回の改造にあたりました。

暮らしの状況

暮らし：当然のごとく二人暮らし
　　夫　ＡＪＵ自立の家職員
　　　　障害者団体会長
　　妻　重度身体障害者授産施設
障　害：二人共脳性マヒ
　　　　二人共1級
ＡＤＬ：二人ともほぼ自立
介　助：ホームヘルパー利用
　　　　朝：月～金8:00－9:00
　　　　夜：月水金5:00－8:00
　　　　内容－家事、食事作り
　　　　　　　奥さんの食事介助
　　　　民間有料介助者派遣利用
　　　　内容－月1回　掃除等大きな家事
移　動：屋内　夫：歩行
　　　　　　　妻：歩行
　　　　屋外　二人とも電動三輪車

改造のエピソード

大家さんの条件「ガス使用不可」に対応し、火は、風呂のガス釜以外はすべて電気機器類にし電力も50アンペアに変更した。また、玄関扉の開閉をリモコン操作できるようにした。改造にあた

っては、施工者である兄に協力してもらい、また、大家さんの理解もあったため、希望どおりの改造ができた。しかし、三枚式自動ドアの玄関においては、施工側も初めての試みだったこともあり、3回もの改造を繰り返したため、かなりの時間がかかってしまった。そんな苦労を重ねただけあって、今の玄関には満足している。

改造してみてその後の生活

玄関を施錠する際、鍵穴にキーを差し込むのに時間がかかることが、暮らし始めてからわかった。そんな時、扉のリモコン操作式開閉施錠の試作デモンストレーションがあり、つけ替えることにした。自分に合わせた改造や道具の工夫で、以前よりもできることが増え、生活しやすくなったし、生活時間にもメリハリが出てきた。また、大家さんの理解がある上に、近所の人との交流も深く、相手から声をかけられるようになった。

仕事などの関係もあって、自由な時間が少ないながらも、自分の時間には自慢のオーディオで音楽を聴いたりして、楽しく過ごしている。

ここがお気に入り

- 2台も置ける広い玄関
コンセントの位置も丁度よく、簡単に充電できる
- スイッチとコンセントの高さ
家の中のスイッチ類を下げ、コンセントの位置を上げてあることで使いやすい高さになっている。

- すのこ張りで広いベランダ
部屋と同じ高さだから出入りが簡単。
屋根もついているので、雨の日の洗濯もラクチン。

- 玄関の3枚式自動ドア
扉の開閉も鍵もすべてリモコンで「ピッ」と操作できるすぐれもの。
- 電動三輪車を

- 敷居の段差カバー
カーペットを敷くことで、わずかな段差でのつまづきを解消し、オーディオセットを置いて広々。

改造前図

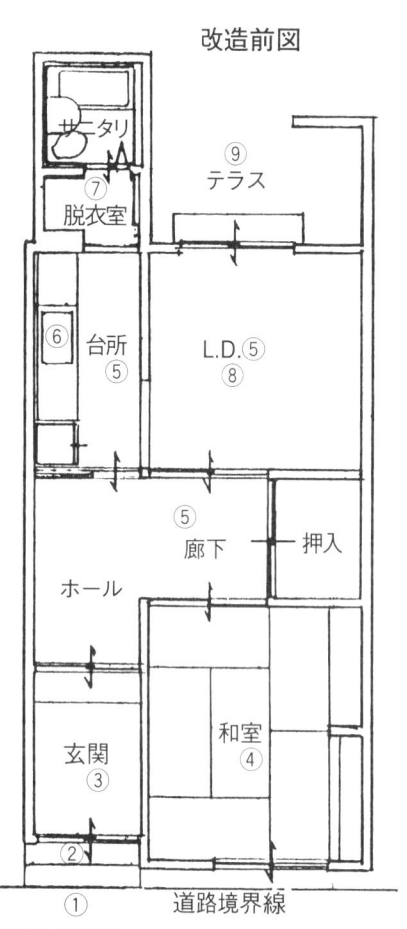

・浴槽、シャワー、便器等を新しくし、手摺をつけた。
・段差をなくして、脱衣室と浴室を一緒にした。
『しかし、ここは改造後も狭い…。できれば増築して、お風呂とトイレを別々にしたい!!もう1回、改造を考えているよ』

『ここでは、キャスター椅子に座ったまま移動して料理をしていまーす』

『引き出しがスライド式の食器入れ。とっても使いやすい』

電動三輪車二台を置ける様、玄関を広くした。ここでそのまま充電することができる!!

改造のポイント

・できるだけ自分でできるように工夫したい
・介助者が介助しやすいようにしたい

1 道路と玄関の段差30センチを電動三輪車で出入りできるように

2 電動三輪車で出入りができるように扉を替え、鍵と扉の開閉が楽にできるように

3 2台分の電動三輪車の置き場所の確保と充電用電源の設置
電動三輪車に乗ったままでも通れるような幅の確保

4 寝室として使用する部屋の確保

5 廊下・L・D・台所の敷居の段差につまずかないように

6 キャスターつきイスで作業しやすいようキッチンを工夫する
水栓・電化製品などの配置を工夫する

7 トイレ・浴室を一人で使用できるように
便器、浴槽、シャワーなど使い易いものに
出入り口など広さの確保

8 スイッチ・コンセントをスムーズに使用できるように

9 洗濯・物干しが雨の日もできるように
移動のための手すり設置

改造費用：助成利用150万円
　　　　　　　　（2人分）
自己資金110万円

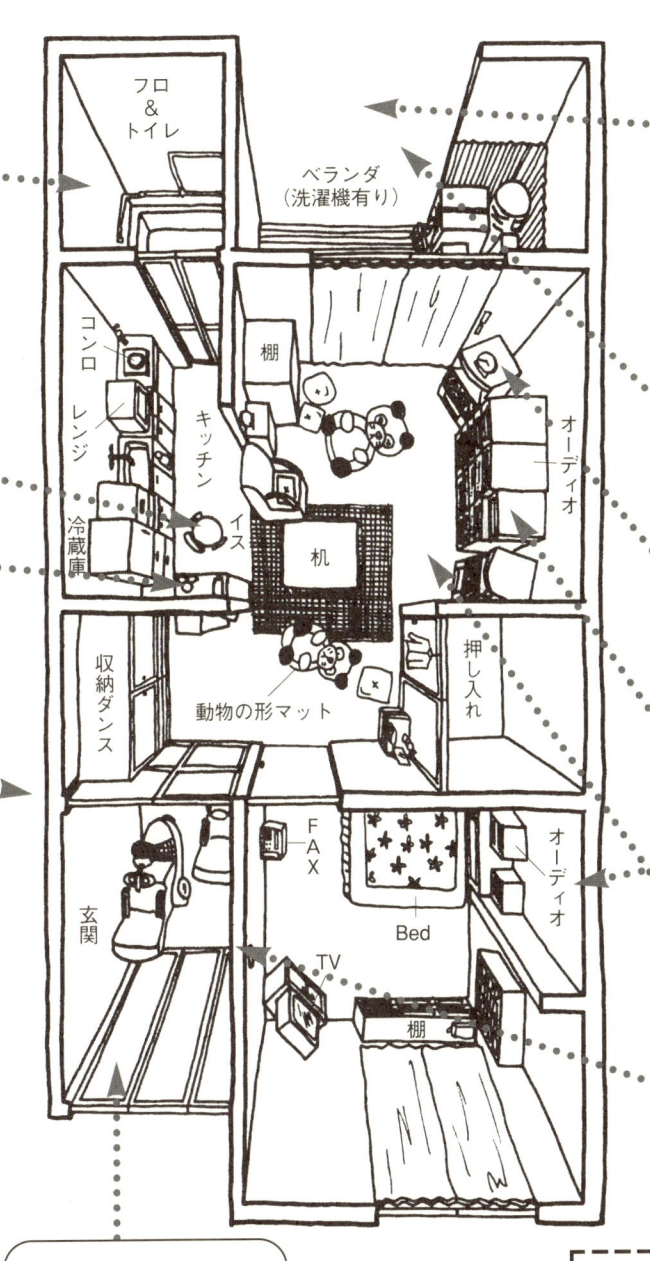

間取り図中のラベル:
- フロ&トイレ
- ベランダ（洗濯機有り）
- コンロレンジ
- 冷蔵庫
- キッチン
- 棚
- イス
- 机
- オーディオ
- 収納ダンス
- 動物の形マット
- 押し入れ
- 玄関
- FAX
- Bed
- オーディオ
- TV
- 棚

吹き出し:

すのこばりで、広くなっているので、ランドリーを置いても洗濯がラクラクできる。しかも屋根がついているから雨が降っても安心！

『このランドリーは、バリアフリー住宅展示場で実物を見てためしてから決めたもの。試して買う。それが一番！！』

『ポカポカ陽気の日は、ここで日なたぼっこできちゃう』

高さを均一にするためにスイッチを下げ、コンセントを上げた。

『自分だけの自由な時間は自慢のオーディオで音楽を聴いている』

扉をはずして広く使えるようにした。敷居のつまづきは、カーペットをしいて対応。

手摺をつけて、部屋への移動もスムーズに。

扉の開閉も、錠も、リモコン操作で「ピッ」とできる三枚式自動ドア。

『ここのスロープは、以前のスペースでは勾配がとれなかったんだ。だから、ホールをなくして、玄関自体を南へ移動させたんだよ』

訪問してみて

立派な玄関で迎えてくれたMさんは、道具を使いやすく工夫している様々な箇所を嬉しそうに私たちに紹介してくださいました。
障害の特徴に合わせた工夫は、ささいなことですが、「あー、なるほど！」と思わず言ってしまうものを多く見せていただきました。特に、スイッチとコンセントの高さを均一にしたり、机の脚の下に物を置いて高さを調整してあった部分が印象深く残っています。大きな改造はもちろんのこと、道具を自分に合わせて、いかに使い易くするかによって、ずいぶん生活がしやすく変わるものなんだと感じました。

調査：加藤・奥田

Yさんご夫婦宅
120年以上建つ古い日本家屋を改造

プロフィール

奥さんは、養護学校卒業後訓練施設で暮らしていました。

「いつかは自分らしい暮らしをしたい」と、希望していました。親元や施設の管理から離れて自分で生活していく力をつけようと、福祉ホームに入り、ご主人と出会いました。

ご主人は、家業を手伝っていましたが、障害を持つ人との関わりがありませんでした。小規模作業所「ぴあ名古屋」で働くことになり、そこで奥さんと出会いました。

ひとりで暮らすのは大変だけどふたりで力を合わせれば楽しく暮らせるのではないかと結婚を決めました。ご主人の実家はとても古い日本家屋ですが、住宅改造と福祉機器を導入することでやっていけることを確信してご主人の実家を改造し、新生活を始めました。ふたりは、地域の制度を活用しながら、ぴあ名古屋へご主人の運転で通勤しています。

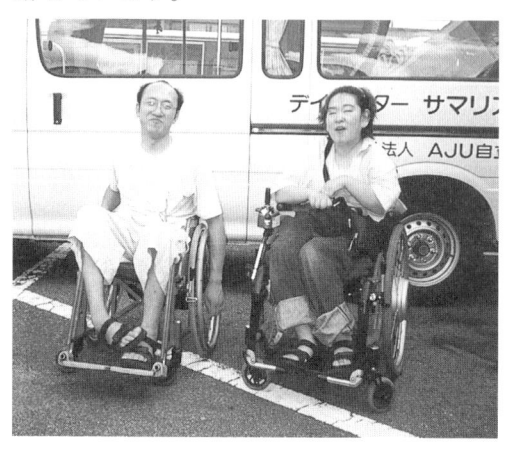

暮らしの状況

夫
- 暮らし：小規模作業所通所
- 障　害：脳性まひ
　　　　　2級
- ＡＤＬ：自立
- 移　動：屋内　つたい歩き
　　　　　屋外　手動車いす

妻
- 暮らし：小規模作業所通所
- 障　害：脳性まひ
　　　　　1級
- ＡＤＬ：更衣／食事／排せつ／入浴要介助
- 移　動：屋内　歩行器、とんび座位
　　　　　屋外　手動・電動車いす

改造のエピソード

古い家なので、改造のために一カ所直すと、その周辺の壁や柱にも影響が出てきて、設計や大工さんに苦心してもらった。家族もなかなか同意してくれなかったし、助成金の額も30万円と少ないので、古い日本家屋で、段差の多い家の中を改造するのは、大変だった。

資金が足りなくて、我慢してるところや不便してるところがある。

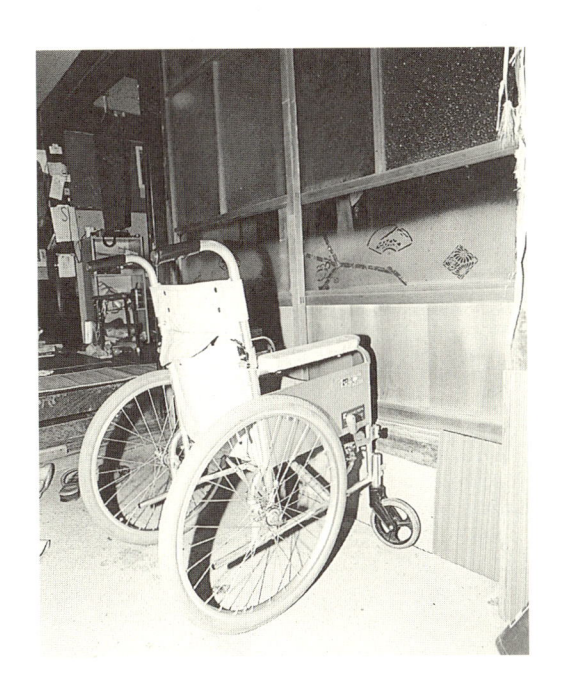

ここがお気に入り

洗面所：高さを下げて、奥さんが床にすわって自分で洗面できるようにした。このことにより、ご主人もそれまでは、一方の手で身体を支えて立ち、もう一方の手で洗面していたので、すわって、両手で洗面できるようになり、洗った気持ちになれると喜んでいる。

改造後の生活

　改造により、夫婦二人で力を合わせて、自分たちのペースで、生活できるようになった。家族の介入も少なくなっている。

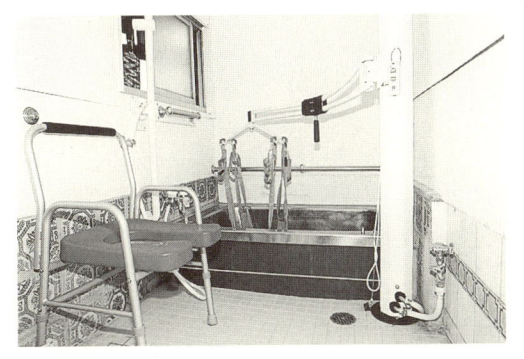

　お風呂のリフター（写真上）はとてもいい。ただ、水圧式のため、冬場に水道の水が凍ると、リフトを使用するために浴室内をあらかじめあたためておかなければ、使えないことがわかった。

改造前図

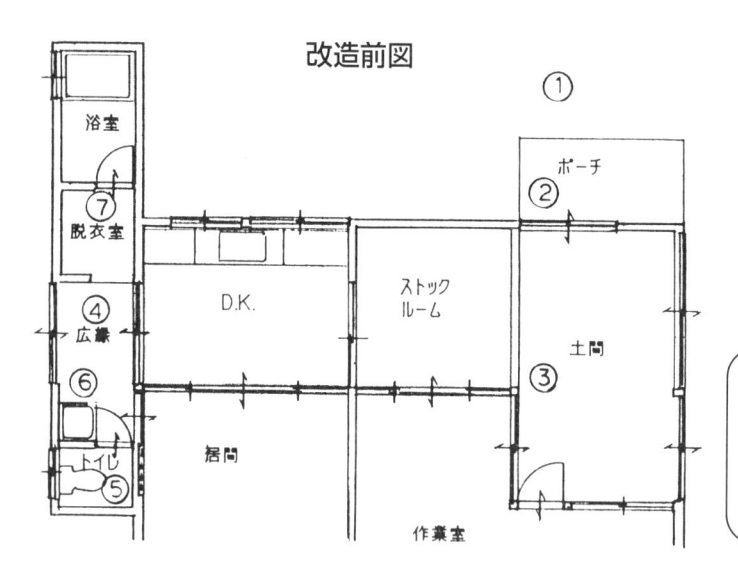

便器の向きを変えて扉をとって、段差をなくしたので、歩行器で後向きに移動し使用している。ご主人は手摺を使って!! 目隠はカーテンでいいのだ。

重い引戸をとり変えて、引き手も低い位置に付けてある。

ほんとうは電動車いすのまま出入りしたかったが、予算の関係上あきらめた。

台所には段差があるので出入りできない。ほんとうは主人のために料理をつくりたいのだ。

砂利の駐車場をアスファルト舗装にしたので、車いすでの移動がスムーズ

歩行器で出入りできるよう3枚建片引戸にとり替える。

改造のポイント

- できるだけ自分でできるように工夫したい。
- 家族の介助負担を減らしたい

1 自動車で玄関入口付近まで出入りできるようにする
2 電動車いすで出入りできるよう、段差と玄関扉を工夫する
3 土間の段差32センチの対応を考える
　電動車いすの充電用コンセントを付ける
4 廊下を歩行器で移動できるようにする
5 歩行器でトイレの使用ができるように、
　また、手すりの補助によりご主人も使用できるようにする
6 床に座って洗面ができるように
7 歩行器で移動できてリフトを使って、ふたりで協力して入浴できるようにする

改造費用：助成利用30万円
　　　　　自己資金187万円

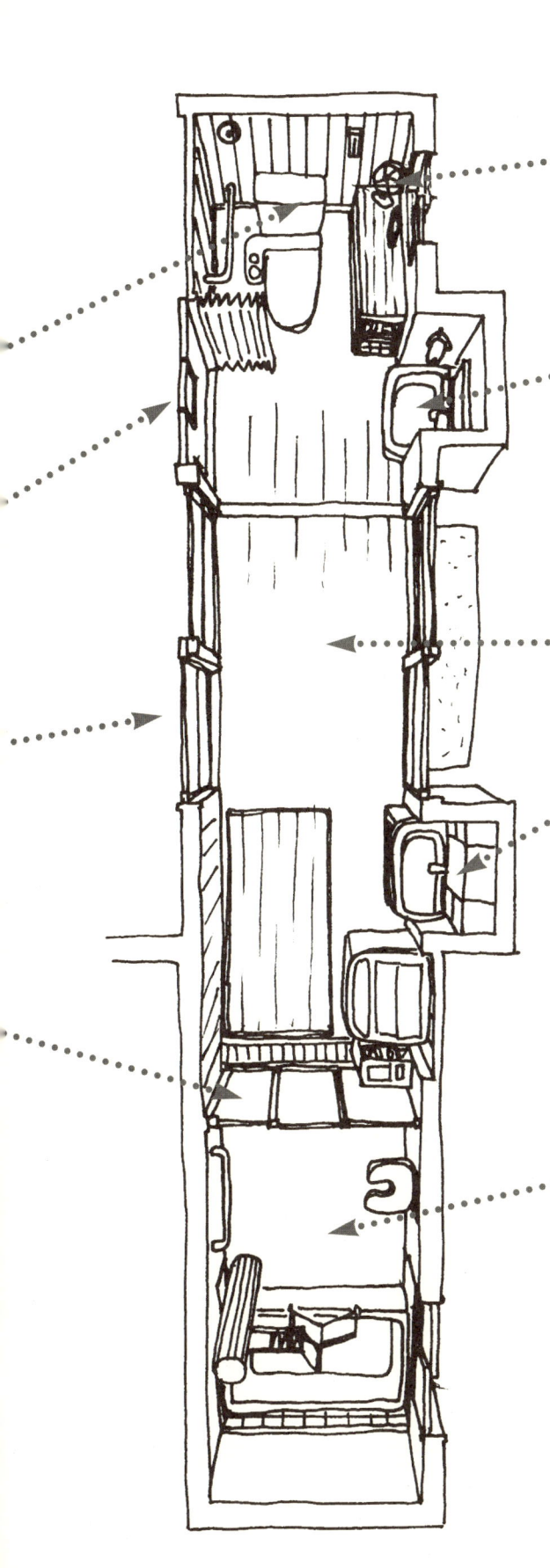

注目！
小物入にもなる棚手摺です。

お気にいりの私専用の洗面台。座ってゆっくりとお化粧ができるよ。

脱衣室の段差をゆるやかなスロープ1/50にしたので、移動に支障がなく方向転換もできるよ!!

注目！
通路巾確保のため柱間の壁をとって洗濯機を設置

少し狭いけど今までのお風呂に水圧式の入浴リフトとシャワーチェア、スライドハンガー型手元スイッチシャワーをつけて、二人で協力して入浴してます。ご主人は手摺と浴槽内のカサ上げスノコで、それまでよりずっと快適になりました。

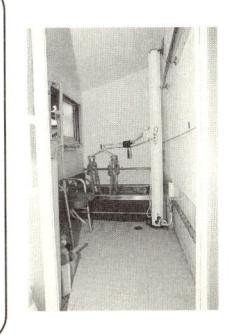

ちょっと一言…
障害の異なるご夫婦が御主人の実家で、ご両親といっしょに新生活をはじめるにあたり、助成金と貸付、日常生活用具給付をうけて、水廻りの改造をおこなう。愛知県の貸付は300万あるが、年度末のため120万しかわくがなく、二人の保証人を必要とした。今はご夫婦で借金生活だが、暮らしを楽しんでいる。

調査：加藤・井上・淺井

H.M.さん宅

名古屋市玄関リモコン自動ドア設置第1号
建設中に段差をなくし
スイッチなどを低く

プロフィール

　Hさんは、日本家屋で、外出するにも不便な住まいで生活していたので、AJU自立の家デイセンターに通所中から、自分で自由に考えて生活できる福祉ホームでの生活にあこがれていました。そして、自立生活体験室で一人で暮らすことに何度かチャレンジし、自信をつけて福祉ホームに入居することになりました。入居期限の4年目に、分譲マンションが福祉ホームのすぐ近くにできたので、そこで自立生活を新たにはじめました。昼間は、電動車いすをとてもうまく足で操作しながら作業所へ通い、休日には車いすダンスや電動車いすサッカーで汗を流しています。

暮らしの状況

暮らし：ひとり暮らし
障　害：脳性マヒ
　　　　1級
ADL：自　立－更衣、移動、外出
　　　　半介助－食事　整容
　　　　介　助－入浴
介　助：自立支援事業利用
　　　　内容－食事作り、掃除、入浴
移　動：屋内－5脚キャスター付イス
　　　　屋外－電動車いす

改造のエピソード

　新築分譲マンションで、建設中に主な改造を済ませていました。一番困ったのは、マンションにつきものの、共用の玄関のガラス扉とセキュリティドア（鍵で開閉）と自分の部屋の鉄の玄関ドアの開閉でした。部屋のドアについては、建築中から開けやすい鍵の付いたドアに変えてほしいと頼みましたが、「共用の部分」となるので、住民の合意が必要となるなどむずかしいという返事でした。手が不自由で、電動車いすを足でコントロールするHさんにとって、鍵を鍵穴にさしこむことはとても大変であり、ドアノブを回して開閉することは不可能でした。

　そこで、リフォームチームの人たちが、自動ドアにするノルウエー製のドアオート

クローザーを見つけてくれました。

ただ高額なため、このオートクローザーに住宅改造の助成金を使いたいと思っていましたが、当時は自動ドアには助成金は出ないという制度でした。この玄関ドアをHさんが使えるか使えないかは、地域で暮らせるかどうかの大きな分かれ道でした。

いつも誰かがいないと自分の家でさえ出入りできないということでは、当たり前の生活はできません。こうしたやりとりの後、制度が利用できるようになりました。自動

電動車いすにとりつけたコントローラー

ドアは、開閉時間を初めは40秒で設定しましたが、電動車いすでの出入りに慣れるに従い閉まるのが遅く感じられるようになり、今では半分の20秒の設定になりました。

共用部分の改造については、住宅業者、マンションの管理組合との話し合いのなかで結局、バリアフリーにすることについて

の理解は得られず共用玄関のセキュリティは、もちやすい鍵を作ることで対応しています。

玄関内側の壁につけたオートクローザー用スイッチボタン。足で押します

改造後の生活

ちょっとさびしく、心配なこともあるけれど、ケアスタッフの介助とバリアフリーの住まいで、自分のペースで、ゆったりと暮らしている。

共用玄関は、昼間は管理人さんが手伝ってくれている。夜は、ひとりであけることも多いけれど、近所の人も手伝ってくれるようになった。

ここがお気に入り

・テーブルに接着剤でしっかりつけたカップ。中に缶コーヒーなどを入れれば、片手でもプルトップをあけられるので、自分で飲みたいときにいつでも飲める。

改造前図

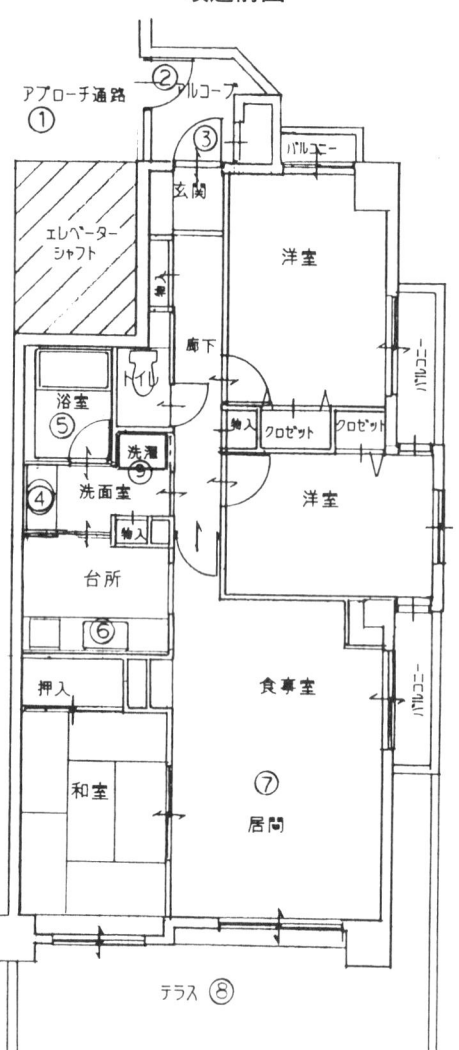

延長レバー（洗面台も）
プラスチック製の道具。（道具相談室製作）

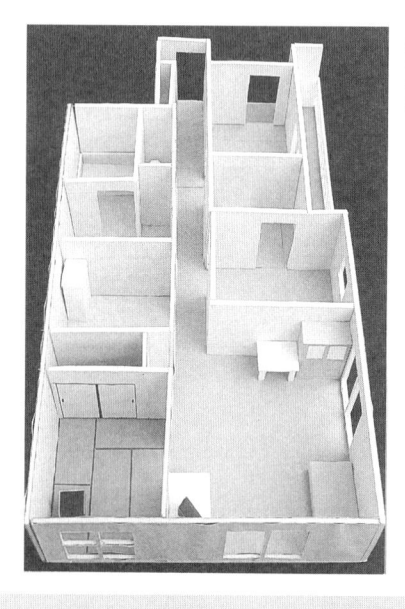

ドラム式洗濯乾燥機

改造のポイント

- 数年先の自分の生活を想像して、自宅や地域での生活が長く続けられるように工夫したい
- 介助者が介助しやすいようにしたい

1. 共用部の開扉・管理錠をスムーズに使えるように
2. アルコープの出入りがスムーズにできるように
3. 電動車いすでひとりで玄関を出入りできるように
4. 洗面の水栓レバーをキャスターつきイスに座って使えるように、洗濯ができるように
5. キャスターつきイスから移乗して、ひとりで浴室を使えるように
6. キャスターつきイスに座ってお湯をわかせるように
7. 各設備機器をスムーズに使えるように
8. テラスに出られるように
9. 洗濯をできるように

改造費用：助成利用85万円

お気に入りの場所

乗り移り台
車いすから乗り移るときはスノコと水平に、浴室に入ったら立てて水返しにする。

便器
ビニールテープでひもを作り、手元で引っぱってレバーを回す。

図中ラベル：
専用庭／冷蔵庫／押入／洗面所／風呂／収納／トイレ／くつ箱／テレビ／棚／ニッチ／インターホン（下げてある）／じゅうたん／バルコニー／ファックス／ベッド／くつ／車いす／ケースたんす／ダンボール／電動車いす／バルコニー

コップ
コップの中に缶を入れて固定する。接着剤でくっついている。

自動ドア用スイッチ
足で使いやすいように壁の下のほうに付いている。

洗い場スノコ
浴槽の縁の高さに合わせ洗い場を高くした。

自動ドアクローザー
リモコンや廊下のスイッチで玄関戸が自動開閉する。もちろんカギもかかる。

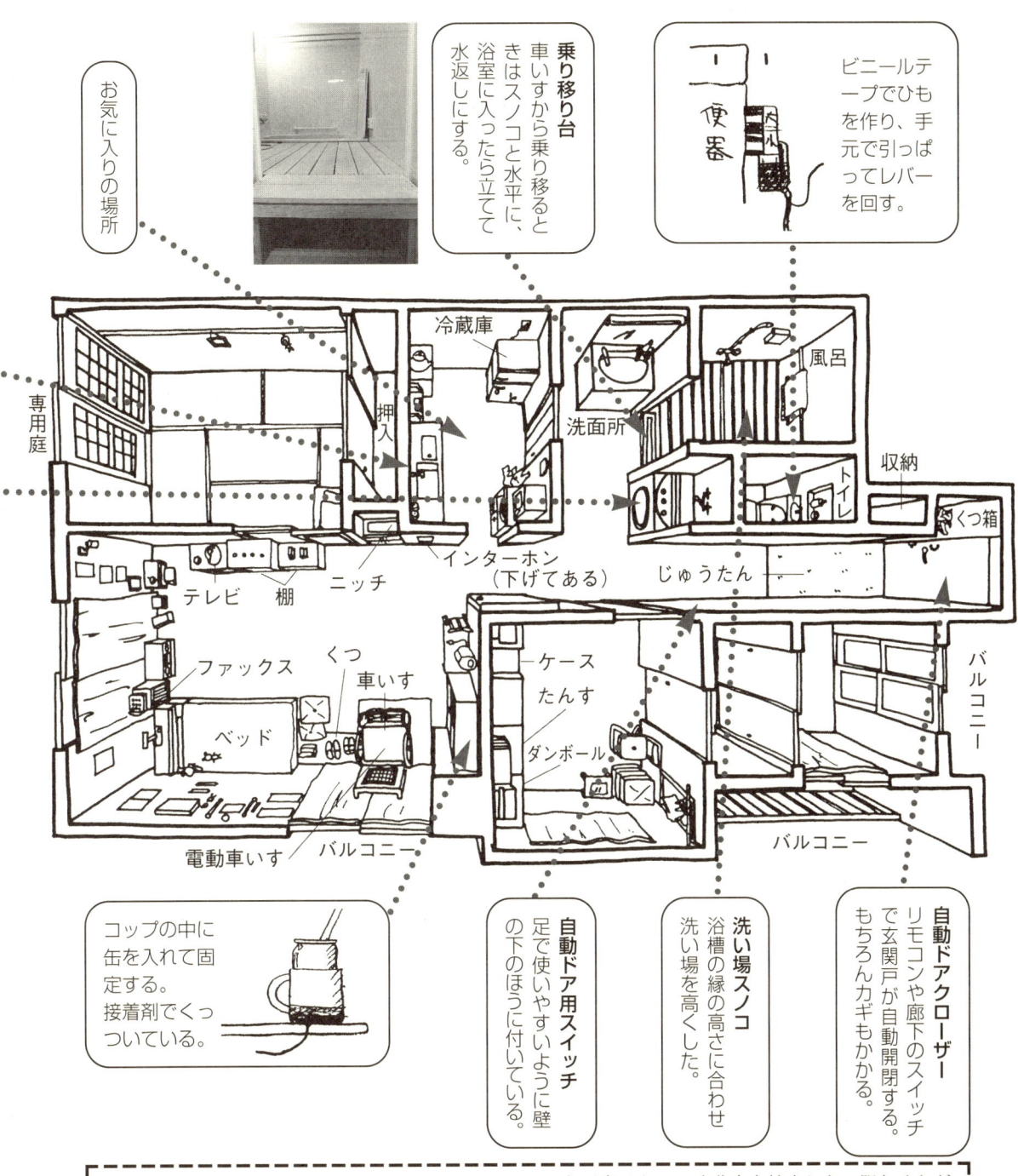

訪問してみて

重度の障害を持つ人の「自立」や「一人暮らし」の意味を大きく考えさせられました。一般的には「いろいろうっとうしいことを言われないよう親からの独立」「心の自由」「狭い家庭から……」などとありますが、甘美の裏には痛みも伴うのでは？自分でしない限り、開けた窓は閉まらない、トイレットペーパーが途中できれても、おーいと呼んでも返事はない。冷蔵庫も補充しない限りはただの空っぽの箱。一人暮らしの醍醐味と引き替えに交換する「不自由さ」があるのではと思う。

障害を持っての一人暮らしは並大抵ではない。Hさんのような暮らしを支える人がいるといい。隣の人がいい。毎日行ける距離の人。昔あった隣近所の人との関係を復活させるにはどうすればいいのだろうと思った。

調査：井上・二村

I.S.さん宅

自立、結婚…そして、マイホーム
必要なリフォーム 生活を豊かにするリフォーム

プロフィール

　生後すぐ脳性まひによるハンディを持ったIさんは、子供時代のほとんどを訓練のため施設で過ごし、その後、養護学校、身体障害者授産施設、訓練校、更生援護施設、身体障害者福祉ホームという過程を経て、地域での自立生活を始めました。授産施設（仕事をする施設）から訓練校へという進路は、障害を持つ人の場合珍しく、「いつも自分で考えて決めてきたよ」と。生活歴からも、彼女の人生を切り開いていくパワーを感じます。

　そして、現在は、ヴォランティアサークルで知り合ったご主人と結婚され、結婚一年後にマンションを入手。住みやすくリフォームして生活されています。
Iさんは昼間、コンピュータで仕事をする小規模作業所で働き、夫婦共働きの家庭です。

暮らしの状況

　暮らし：夫とふたり暮らし
　　　　　小規模作業所通所

障　害：脳性まひ
　　　　1級
ＡＤＬ：介助－更衣・排泄・入浴
介　助：ホームヘルパー派遣事業利用
　　　　内容－家事・入浴
移　動：屋内　手動車いす（足でこぐ・室内用）
　　　　屋外　電動車いす

改造のエピソード

　分譲マンションの4DKの住まいを購入して思い切った改造を行った。住戸内のコンクリート壁とユニットバス部分以外の壁をすべてとりはらい、玄関側の部分とその他の部分の2つの大きなスペースとした。玄関側の部分はご主人の仕事場として、その他の部分を生活のスペースとして使用している。

　床は段差をなくし、全体に無垢の木を貼った。

　また、台所、食事室、居間、寝室は、ワンルームでさえぎるものがなく、広々として動きやすい。壁もしっくいのような自然材料を用い、所々に和紙や木を貼り、内装も

すばらしい。

浴室の段差

改造後の生活

不便な箇所が3点ほどでてきた。
①住居内はキャスターつきのイスで移動していたが、引き戸レールに少々段差があり、キャスターがつかえて移動しにくかった。その後室内用車いすを使うことで改善された。

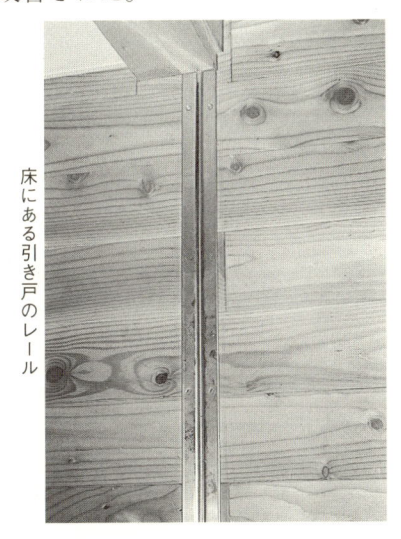

床にある引き戸のレール

②浴室はユニットバスのため、住戸内での唯一大きな段差がある。そのため出入りがしにくい。

③ベランダへの段差があり出られない。

ひとりでできることが増え、以前の住宅よりも自由に動けるようになり、外出もしたいときにできて、友達も来やすくなった。施設や自宅にいた頃は、こういう生活ができるようになるとは思っていなかった。とても自由になれた。

ここがお気に入り

床・壁ー自然素材を使うことで身体にやさしい。床は木のぬくもりがあり、段差がなくて車いすで使いやすい。

玄関の自動ドアーリモコンとスイッチがあり、自分で出入りができる。

トイレー使いやすいので、車いすの友達も遊びに来てもらえる

洗面台ー車いすで使えるよう低くとりつけた。髪も洗える。

改造前図

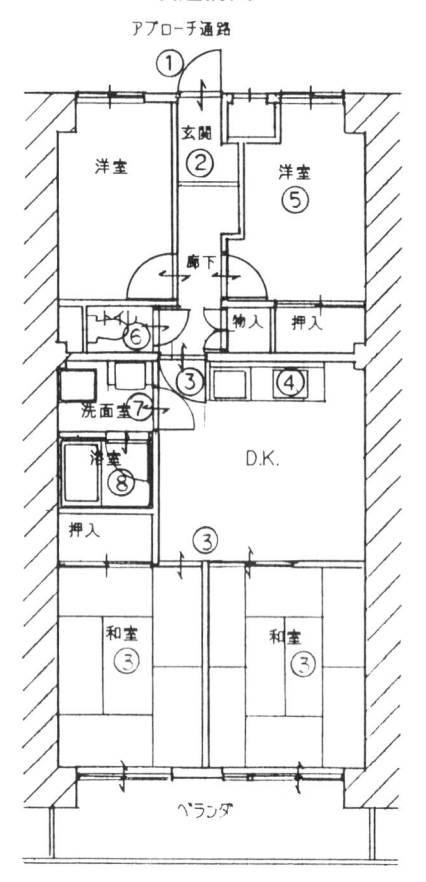

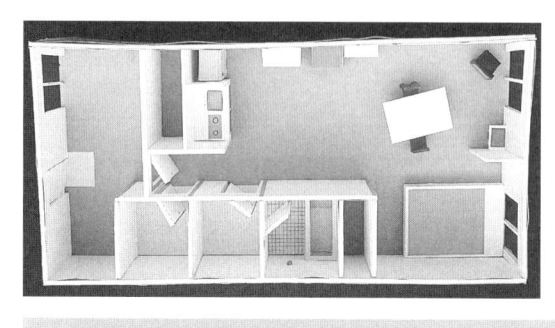

色ガラス等でデザインされたムクの木の引き戸。とっては棒引手。レールはSUS製Vレール、数mmの段差ができ、イスのキャスターで越しにくい。

洗面・脱衣
・入口ドアで除去
・車いす用の洗髪化粧台
・浴室入口にタテ手すり取付

リモコン付自動開きドア

トイレはこの壁側部分を取り込み面積をふやした。入口は引き戸・手すり取付

改造のポイント

・家族の介助負担を減らしたい
・数年先の自分の生活を想像して、自宅や地域での生活が長く続けられるように工夫したい

1. 電動車いすで出入りできるよう、段差・玄関扉を工夫する
2. 車いすで移動できるよう框段差を
3. 車いすで、自由に動けるよう、扉・床仕上げ・スイッチ・インターフォン・壁を工夫する
4. キッチンを使えるよう
5. 仕事室として使えるよう
6. 車いすでトイレを使えるよう
7. 洗面室をいすで使えるよう
8. 入浴できるよう

改造費用：助成利用100万円
　　　　　自己資金200万円

水栓は普通より少し長い取手付（料理は自分でしない）

ムクの木の飾り

ベランダへは、段差があり外へ出れない（物干しはヘルパーがする）

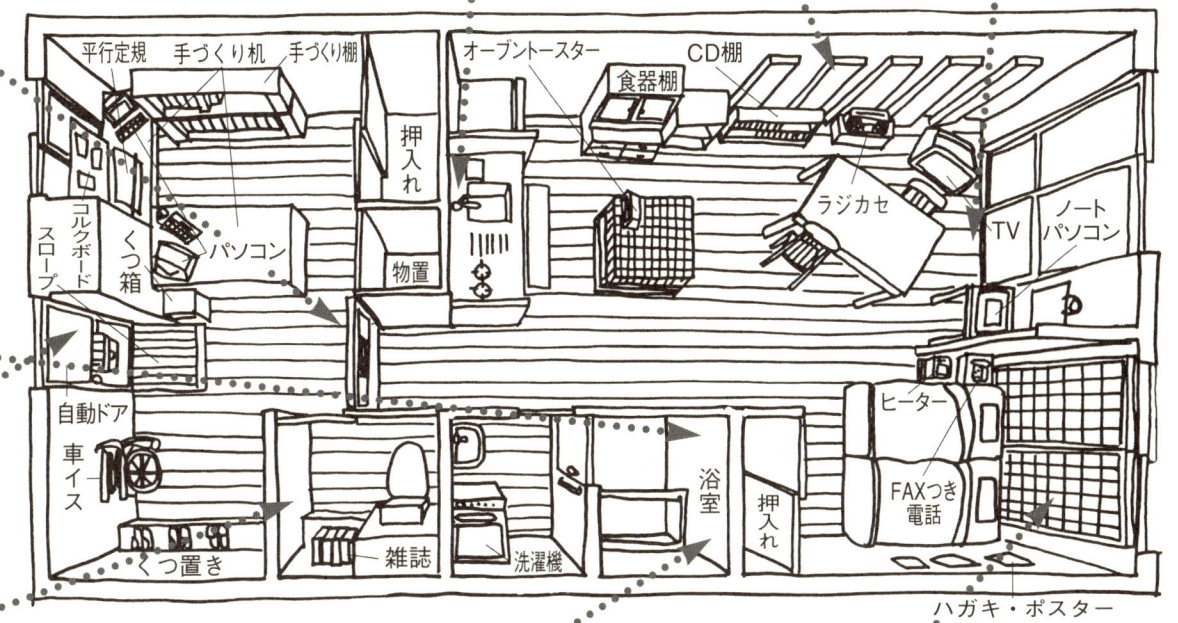

間取り図内ラベル：
- 平行定規
- 手づくり机
- 手づくり棚
- オーブントースター
- 食器棚
- CD棚
- 押入れ
- コルクボード
- スロープ
- くつ箱
- パソコン
- 物置
- ラジカセ
- TV
- ノートパソコン
- 自動ドア
- 車イス
- くつ置き
- 雑誌
- 洗濯機
- 浴室
- 押入れ
- ヒーター
- FAXつき電話
- ハガキ・ポスター

浴室
洗面所床との段差解消はできなかった。洗い場床はすのこで入口との段差を解消した。手すりをつけたが入口より少し奥にあるのでキャスター付イスからの乗り移りがしにくい。

○スイッチ類は低くした

寝室のサッシの前に和紙障子

訪問してみて

Iさん、お幸せですね。と思わず言葉にしてしまった時のIさんの笑顔、本当に素敵でした。誰もが「こんな家に住みたい」と思う、安らげる空間です。車いすの生活に必要なリフォームに、無垢のフローリングや石膏ミルの壁など、いわゆる健康住宅の健康資材・自然素材がふんだんに使われているのです。

そして、Iさんが一人いるときに家の中での動きができること、一人で外へ出られることが、彼女の自信につながり、さらに生活行動が広がっているように思われました。

ただ単に、生活に必要な機能的リフォームというだけでなく、生活を豊かにする快適なリフォームになっています。

第2・第3のI邸ができることを願わずにはいられません。

調査：才木・安富

F.K.さん宅

2度の引っ越し
高倍率の市営住宅を勝ち取った
強運の持ち主！
玄関の引き戸を自動に

プロフィール

　Fさんは、脳性マヒによる障害で言語障害があるので、トーキングエイドを使って会話をします。

　福祉ホームを出る時、親が探したアパートに住んでいましたが、住宅改造をしていなかったので、不便な生活をしていました。が、市営住宅（単身用高齢者向住宅）に移り住んだFさん。100倍近い倍率の中、見事当選して市営住宅に引っ越しました。障害者自立支援事業を利用し、介助者の派遣で生活をしています。

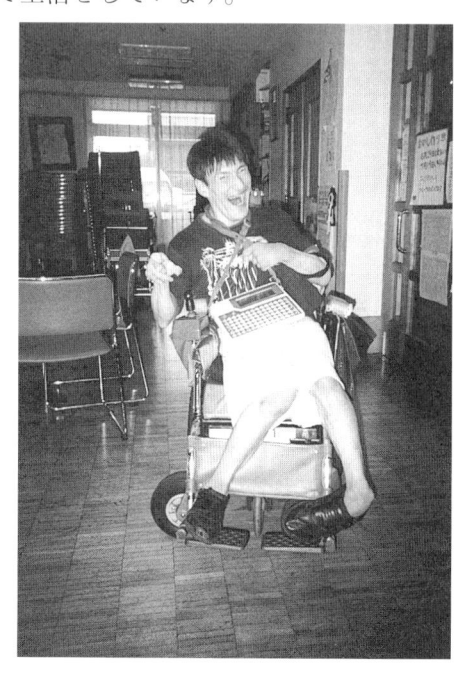

暮らしの状況

暮らし：ひとり暮らし
障　害：脳性マヒ
　　　　1級
ＡＤＬ：自立－起居、着替、洗面、外出
　　　　介助－入浴、食事
介　助：自立支援事業利用
　　　　内容－入浴、家事、炊事、食事
移　動：屋内　ひざ歩き、つたい歩き
　　　　屋外　電動車いす

改造のエピソード

　市営住宅の単身用高齢者向住宅なので、そのままでも住めると思ったが、不具合が多く改造せざるを得なかった。

　特に玄関が入りにくく、鍵を開けてはいるのに時間がかかった。リモコン鍵とタイムストッパー金具のとりつけで便利になった。外出から戻り、玄関でカギをあけよう

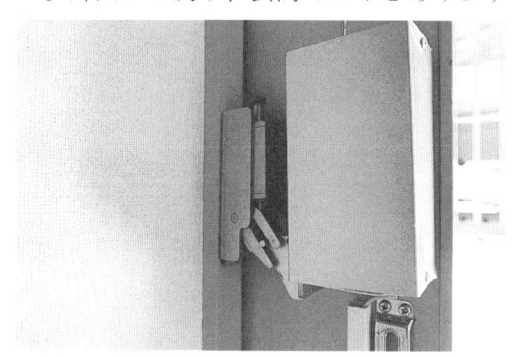

玄関の電動リモコン錠

とてこずっていた。時間はかかるし、カギあけに集中して車いすから落ちたりした。心ない近所の人が、「親は、子どもをほっといてどうしてるのか」と、つげ口してきたりしたこともあった。

このコントローラーでとても楽になった

市営住宅は

・前のアパートは風呂とトイレが同じユニットだったので、介助者と一緒に入れる状態ではなかったが、今は別々でゆったり入れるので、とてもいい。
・玄関が広くて、電動車いすで十分方向転換できる。ホールもあってゆとりがある。
・でも、奥ゆきのある部屋なので、寝ているところからトイレがはなれている。ひざあるきや四つばいで移動するので、急いでいる時や、風邪など病気の時は大変。

改造後の生活

外出がしやすくなった。安全に暮らせるようになった。
　集合住宅なので、ゴミ収集のそうじ当番があるが、自治会長へできないことを願い出た。お菓子代1000円でごめんなさいしている。

ここがお気に入り

居間（コンピューター＆ＡＶ機器）

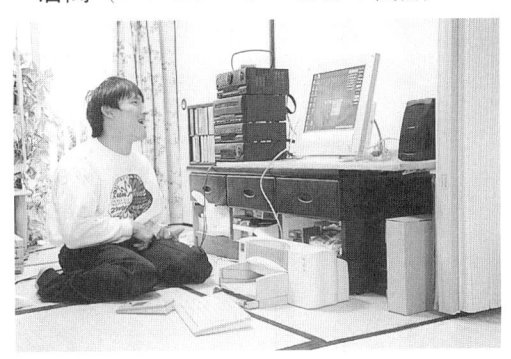

手の不自由なＦさんがコンピュータやオーディオ機器を使いやすいようにしたコーナーのある居間、メール友だちも30人以上できた。

この機器で会話をする

改造前図

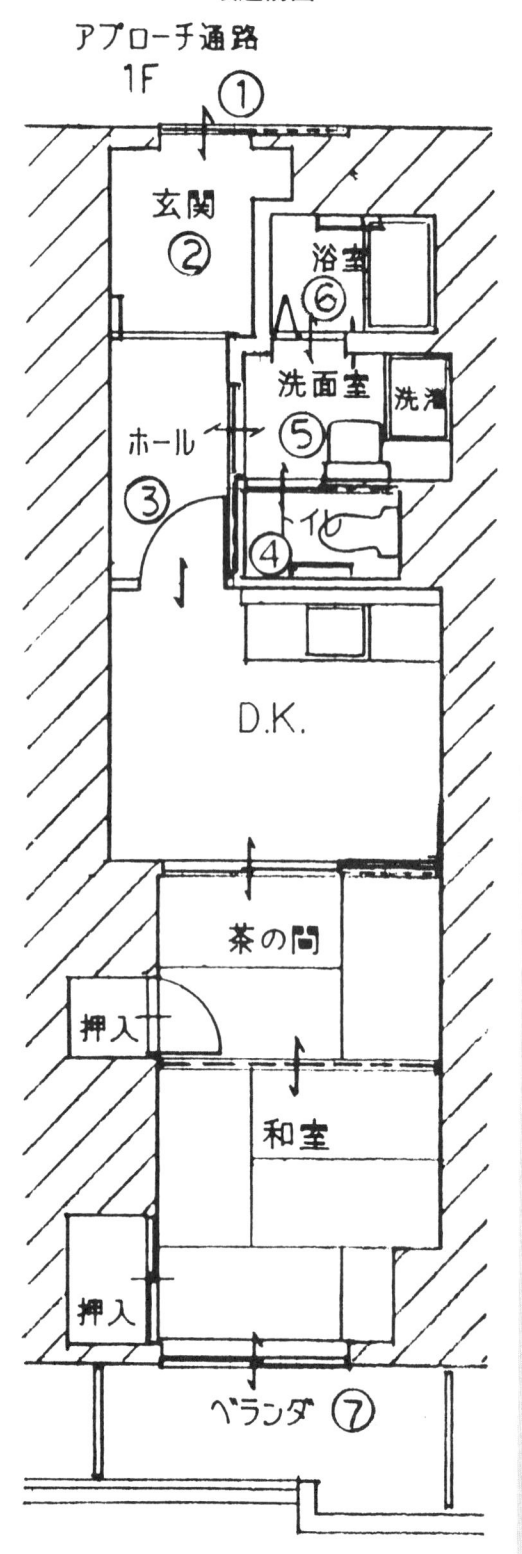

アプローチ通路
1F ①

玄関 ②
浴室 ⑥
洗面室 ⑤
洗濯
ホール ③
トイレ ④
D.K.
茶の間
押入
和室
押入
ベランダ ⑦

> ヘルパーさんが使いやすいように。

> **時間差ストッパー**
> 一定の時間が来ると自動的に戸をリリースするストッパー。機械式。

改造のポイント

1. 玄関扉と錠の開閉をスムーズにできるように
   電気鍵化、タイマーストッパー（一定時間常閉扉を開いた状態にする）
2. 車いすからスムーズに降りられるように
3. 居室のスイッチ・コンセントを座って使えるように
   低い位置に移し、大型のものに交換
4. 便器への移乗が座位からスムーズにできるように、トイレの手すりを増設
5. 座って洗面器を使えるように、低い位置に移設
6. 一人でシャワーを使えるように浴室の洗い場にスノコを敷き、浴室内部の段差を解消
7. 物干しができるように
   ベランダにウッドデッキを敷き室内との段差を解消
8. 引き戸の引き手を低い位置にも付ける

改造費用：助成利用65万円

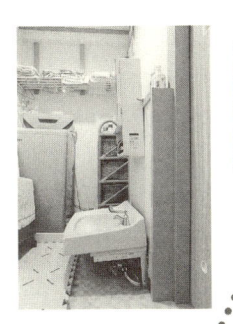

洗面器
座って使いやすいように低い位置に設置。元々あった洗面台使用。

ベランダデッキ
室内と段差のない木製デッキ。本人は使わないとのこと。

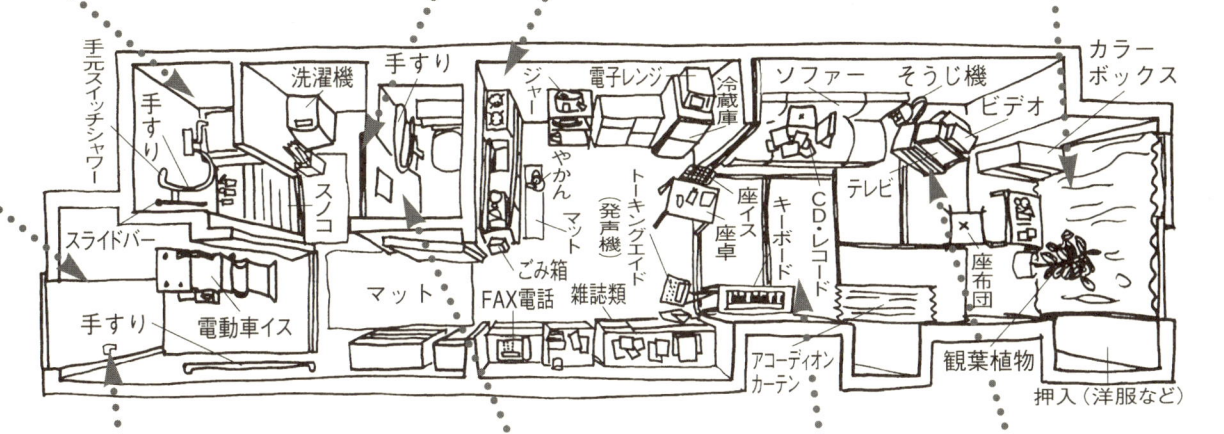

スイッチ類すべて低い位置に移動。

（間取り図内のラベル）
手元スイッチシャワー / 手すり / 洗濯機 / 手すり / ジャー / 電子レンジ / 冷蔵庫 / ソファー / そうじ機 / カラーボックス / スライドバー / スノコ / やかん / トーキングエイド（発声機） / 座イス / ビデオ / 手すり / 電動車イス / マット / ごみ箱 / 座卓 / CD・レコード / テレビ / FAX電話 / 雑誌類 / キーボード / 座布団 / アコーディオンカーテン / 観葉植物 / 押入（洋服など）

電動リモコン錠
モータの力でカギをかけ、リモコンによって操作できるように大工さんのお手製。

引戸すべて座って使える位置にステンレス手すり（引手）を増設。

お気に入りの場所

パソコン・AV機器
使いやすいよう、低い位置に設置。

スイッチ位置を下げた

訪問してみて

　高齢者向住宅ということでそれなりの考慮はしてあるが、車いす利用者にはやはり使いにくい。入り口の扉は引き戸ではあるが車いす利用者が開けるには重く、自動的に閉まってくるので出入りも難しい（これは高齢者にとっても使いにくいと思う）。
　スイッチの位置も標準的な高さで付いているので座った位置からだと届きにくい。市営住宅を設計する際には車いす利用者を前提に基準を作り、高齢者にも対応できるような仕様にすれば、誰にでも住みやすい住まいが造れると思う。そうしておくことにより車いす利用者が住む際にも改造に要する手間が大幅に削減できると思う。

調査：井上・二村

A.M.さん宅
公団住宅をヴォランティアさんの手作りで改造

プロフィール

怪我をして頸ついを損傷したAさんは、約9年の病院生活を送り、その後、家業の経理を手伝っていました。しかしいつまでも親元で生活していても…と思い、自立生活を目指し福祉ホームに入居しました。ホームでの生活は家族がしてくれていた身の回りことを自分ですることになり、また、介助依頼して来てくれるヴォランティアとの人間関係など大変でしたが、自炊したり仕事を始めたことで、生活を自分でしているという実感と共に、自立生活を具体的に体験できたそうです。

本当は、市営住宅に入りたかったが、単身では入れなかったので、現在は、公団住宅で生活しています。

この公団に決めたのは、部屋がたまたま2階で共用のエレベータのボタンを、車いすに乗ったままで押せる高さだったから。

低い位置にあるエレベータのボタン

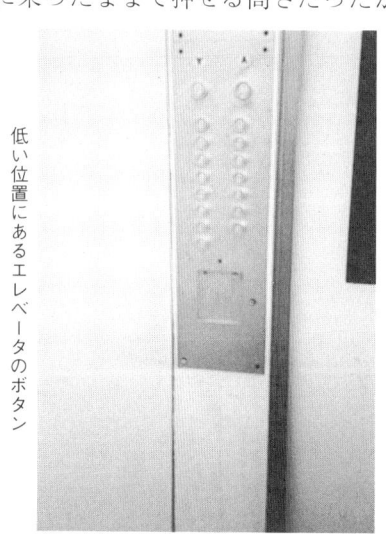

入居後は、掲示版に食事作りや外出のお手伝いの人を募集し、支援を受けることができ、近所の人と関わりを大切にしています。

暮らしの状況

暮らし：ひとり暮らし
障　害：けい椎損傷
　　　　1級
ＡＤＬ：ほぼ自立
介　助：自立支援事業利用
　　　　内容－家事
移　動：屋内－手動車いす
　　　　屋外－手動車いす　自動車運転

改造のエピソード

今回の大きな改造は、福祉ホームの近所に住むヴォランティアのお手製。助成制度を利用しなかった。というのも、相談にのってもらった機関があったが、必要以上に話が大きくなってしまい、改造しなければいけないような気になってしまった。公団からも、大きな改造は困ると言われ、一時的と考え、最低限の改造にした。

とにかく、風呂とトイレを使えるようにしないと暮らせないので、大工仕事や物作りの得意なヴォランティアに頼んで、リフォームした。

又、すのこを大いに活用して、高さの解消をしている。アプローチから玄関に4㎝の段差。

玄関とホールの段差が8㎝。玄関内に高さ4㎝のザラ板を作ってもらい敷くことで、高さを分散することにした。

この位ならけい椎損傷で手の力が弱くてもキャスター上げして段差をあがれるようになった。

たたみの上にフローリングをして車いすで自由に動ける。

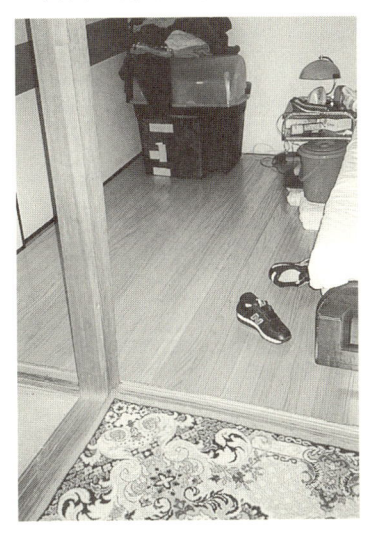

ここがお気に入り

キッチン前にざら板を敷き、高さをカバーすることで蛇口等にも手が届くようになり、簡単な作業ならできるようになった。

ベランダに出られる15㎝の段差に板を敷きつめて、部屋の床と同じ高さにした。外に出られるので、気分もいい。

改造前図

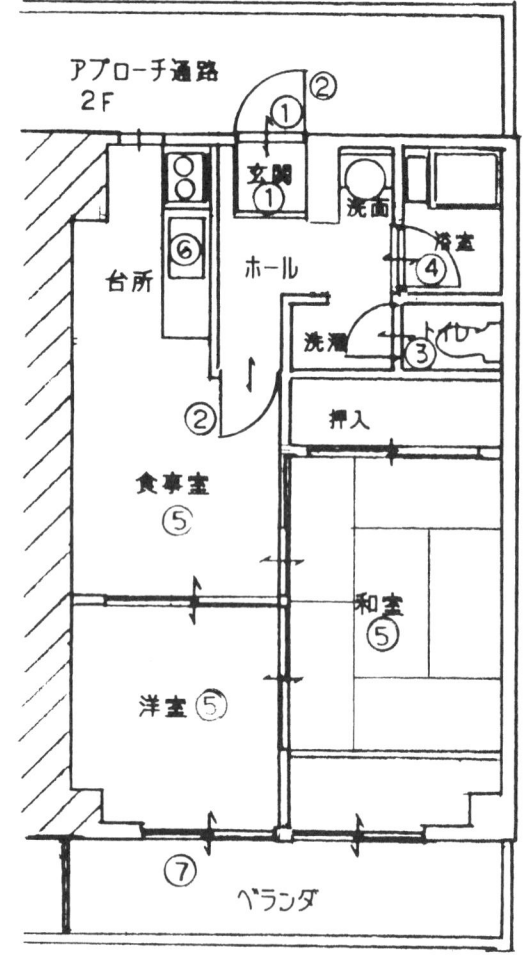

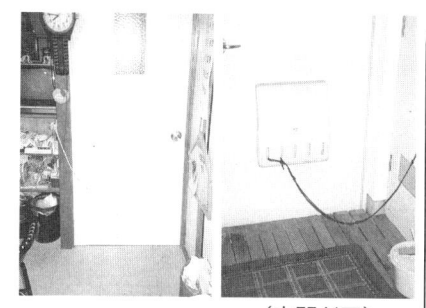

（玄関ドア）

ひもをつけて開閉もラクチン。『この様な改造は、以前の病院や福祉ホームでの居住体験が参考になったんだ』

室内の床と同じ高さのすのこを敷くことでベランダへもス〜イスイ。

畳の上に、フローリングを敷いた。『これで、家中を車いすで動きまわれる！』

改造のポイント

- できるだけ自分でできるように工夫したい。
- 一時的に住むと考えているので、最低限の改造にとどめた。

1 車いすで移動できるようにする
2 扉の開閉と出入りがスムーズにできるように
3 トイレをひとりで使用できるようにする
4 シャワーを設置してひとりで使用できるようにする
5 移動しやすいようワンルーム型とし、和室にベッドを置くので畳の上を車いすで動きやすいように
6 お湯を沸かせるよう、水栓のハンドルに手が届くようにする
7 ベランダに出られるよう、段差をなくす

改造費用：助成制度利用せず
　　　　　材料費1万2000円

図中のラベル

上部吹き出し：
- 水道のハンドル栓に届かないが、市販の蛇口の開閉レバーがついているため、車いすのままで使用できる。
- すのこを使って段差を低く。
- 流し台が高いので使えるようにするため床にすのこを敷いている。『多少の段差と、狭いので一方通行になってしまうが、それはガマン・ガマン…』

間取り図内のラベル：
- ダンボール
- スピーカー
- プリンター
- ステレオ
- オーブンレンジ
- ポット
- やかん
- フライパン
- 取はずした戸
- そうじ機
- ストーブ
- ワープロ
- じゅうたん
- 冷蔵庫
- すのこ
- ひも
- ダンボール
- 灯油かん
- 洋服収納ケース
- リース
- 洗濯機 すのこ
- ひも
- マット
- 洗面
- テレビ
- ベッド
- 押入れ
- タイル
- トイレットペーパー
- 取り外した戸
- スタンド
- 収納ケース
- トイレ
- 風呂

下部吹き出し：
- 便器の高さに合わせて台を作り、おしりを傷つけないようマットを敷くことで、便器へ移動できる。
- ロープで作った手摺もついている！
- 『狭くて車いすが入らないから工夫をしたヨ』
- 『頑丈に作ったこのすのこ。少し頑丈すぎて、元に戻す時に難しくなってしまった…』
- ヴォランティア特製のすのこを入れて、車いすの高さと浴槽の高さを同一にした。シャワー水栓を設置したので、浴槽には入れないがシャワーを一人でできる。

訪問してみて

ひとりで生活できるようにするための工夫が、あちこちにされていました。車いすで家の中を自由に動き回れ、車いすからベッドへ、トイレへ、お風呂への乗り移りなど、段差解消と移動の確保で、自立されていました。また、地域の人との交流を大切にされておられました。

調査：加藤・奥田

S.K.さん宅

電動三輪車の駐輪場所に苦労 玄関ドアを電動シャッターに

プロフィール

　大学を卒業後、銀行員として勤務。長い間、両親の家で過ごしていましたが、親が高齢になったことを機に、自分の将来の生活を考え、福祉ホームへの入居をへて、地域でひとり暮らしをしています。時代の波にのまれて仕事を辞めることになりましたが、現在は、福祉ホームすぐそばの小規模作業所で働いています。

暮らしの状況
暮らし：ひとり暮らし
　　　　小規模作業所通所
障　害：脳性マヒ
　　　　2級
ＡＤＬ：自立
移　動：屋内－独歩
　　　　屋外－電動三輪車

改造のエピソード

　本当は賃貸ではなく、自分の家を希望していた。しかし、福祉ホームの入居期限が迫っていたのでとりあえずは賃貸に決めた。ここを終のすみかにするつもりはない。

　電動三輪車をどこに置くのか、鉄のドアの開閉と出入りはどうしたらいいのかなどを決めるのに時間がかかった。

　不動産屋さんに、浴室を見ながら「お風呂は入れますか」と聞かれ、その形では自分で入れないので「入れない」と答えたら「じゃ要らないですね」と、浴槽をはずされてしまった。それでシャワーだけ。寒いのでパネルヒーターをつけたが、浴室が暖まるのに1～2時間かかる。

浴室はシャワーのみ

他にも車いす使用者が入居しているので、不動産屋さんも、改造することには問題なく、手すりの必要なことや位置・場所も勧めてくれた。

浴室のパネルヒーター

改造後の生活

家族との生活や福祉ホームでの生活と違って、一人の時間が持てるようになった。とにかく「ひとり」が好きな性格で、今の仕事のスタイル、組織をはなれてもできる仕事がいいですとのこと。テーブルの上にリモコンを各種きちんと並べデスクワークをできる生活を楽しんでいる。

ここがお気に入り

・玄関入り口のシャッター。
　電動三輪車に乗ったままで、リモコン（カード式）で開閉できるので楽。

・ワイヤレスインターホン
　生活をし始めてから気づいたが、玄関に来訪者があった時、いちいちシャッターを開けなければならないのは不便なので、開けないで中から外の人と話せるようワイヤレスインターホンもつけて、便利。ただ、夏の風通しが利かないので………。

改造前図

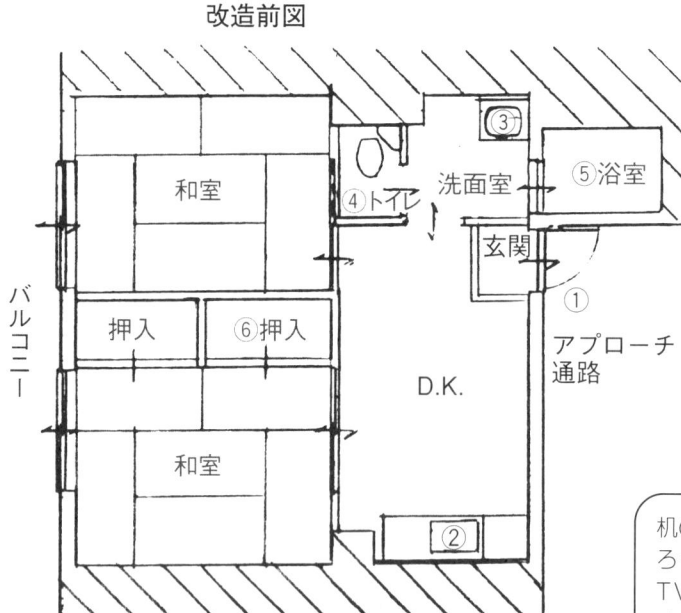

蛇口はハンドル式

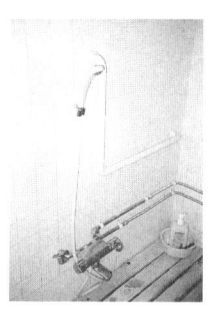

浴槽がないのでこのシャワーで身体を洗うのです。冬はかなり寒いです。

机の上には大切なリモコンがすべてそろっている。
TV・ステレオ・シャッター・ビデオ・PHS・インターホン親機
この場所にいればすべて操作できる。

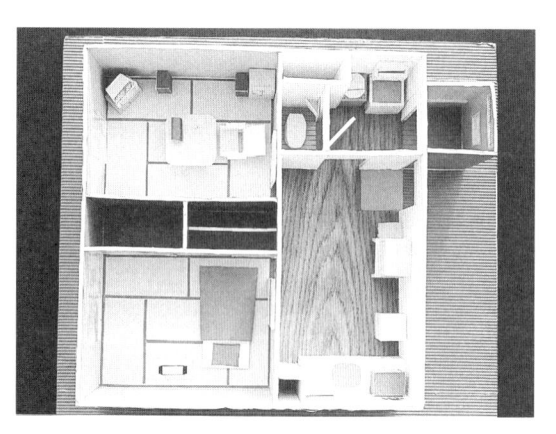

トイレ
段差解消のために床に板（高さ5cm）が敷いてある。

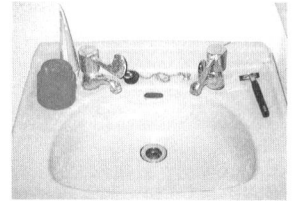

押入れの上段はつっぱり棒を通して洋服かけにしている。

改造のポイント

- できるだけ自分でできるように工夫したい
- 数年先の自分の生活を想像して、自宅や地域での生活が長く続けられるように工夫したい

1 電動三輪車に乗ったまま玄関が出入りできるように
電動リモコンでシャッターの上下
ワイヤレスインターホンに

2 3 水栓を使えるように

4 トイレを使えるように、扉・段差の改善、手すり取付

5 浴槽への出入りができない
扉・段差・水栓改善・手すり・暖房取付

6 押入内を使いやすく工夫

改造費用：自己資金

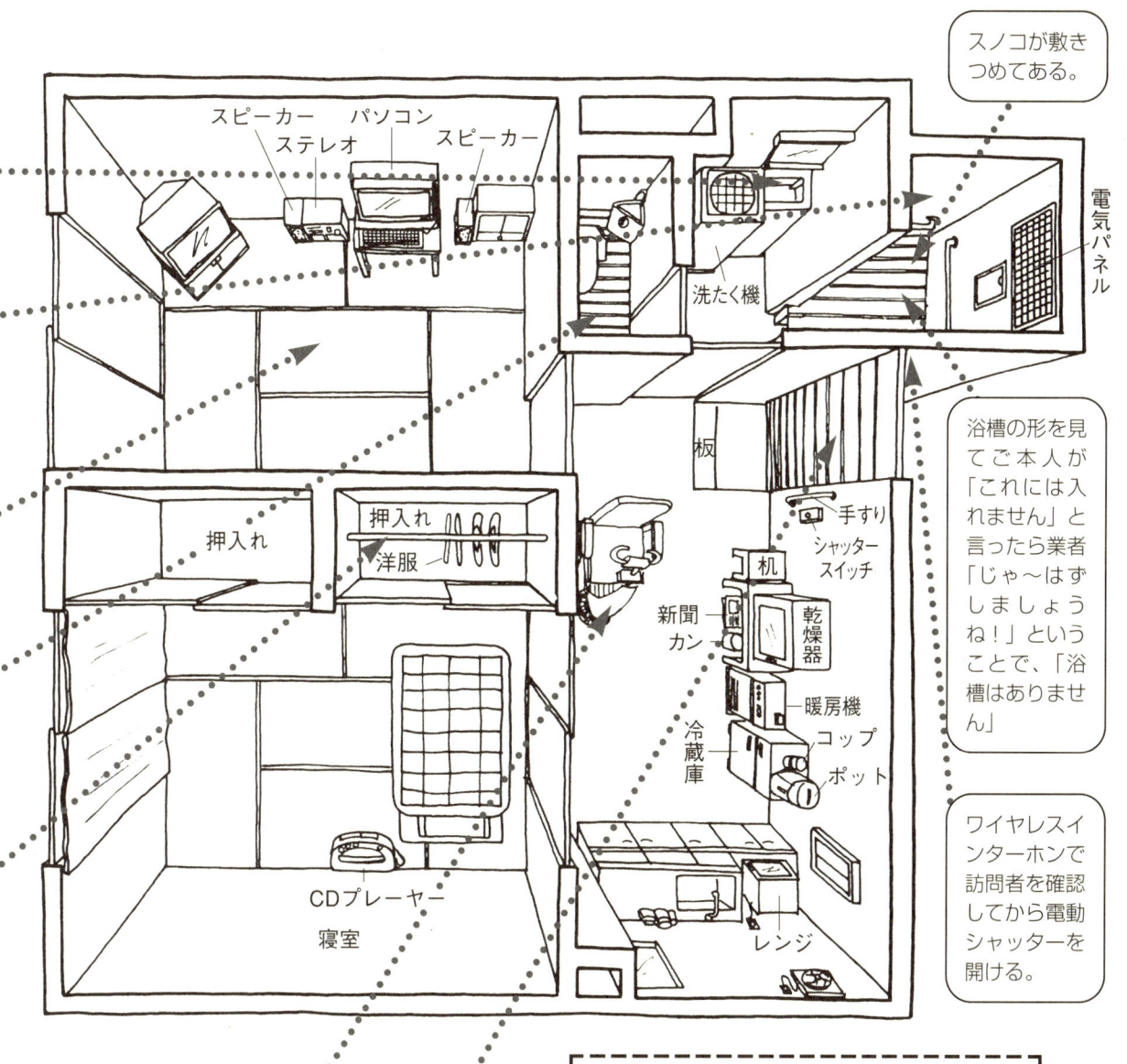

図中ラベル：
- スピーカー
- ステレオ
- パソコン
- スピーカー
- スノコが敷きつめてある。
- 洗たく機
- 電気パネル
- 板
- 押入れ
- 押入れ 洋服
- 手すり
- シャッタースイッチ
- 新聞カゴ
- 机
- 乾燥器
- 暖房機
- コップ
- 冷蔵庫
- ポット
- CDプレーヤー
- 寝室
- レンジ

浴槽の形を見てご本人が「これには入れません」と言ったら業者「じゃ～はずしましょうね！」ということで、「浴槽はありません」

ワイヤレスインターホンで訪問者を確認してから電動シャッターを開ける。

電動三輪車置き場
壁がキズ付かないようにゴムのシートが張ってある

玄関はドアではなく電動シャッター‼
これで電動三輪車ごとお部屋の中に入れま～す。
開閉の操作は電池式リモコンでラ～クラク。
予備も含めてリモコンは2つある。これはとても大切なもの。

訪問してみて
　賃貸マンションの3階のお部屋を訪ねてびっくり。なんとシャッターが降りている。インターフォンを押したら、シャッターが動き始め、にこやかなSさんが出迎えてくださいました。部屋の中に電動三輪車がとめてあり、壁を傷つけないようにと壁の下部に板が張ってありました。そして、浴槽がないのにまたまたびっくり。「どうしたんですか？」「入れないって言ったら、外して行っちゃったんです」「えーっ！それ、どこにあるんですか？」「寒くないですか」「必要になったらどうしますか？」など質問責めに。こんなことあるんだぁ……。
　身の回りのことはほとんど自分でされているので、仕事と生活を自分流にこなしていらっしゃる様子でした。「あとは、すてきな伴侶がいたら……」と。

調査：古田・淺井

Y.T.さん宅

押入の壁をとっぱらって
トイレを広く改造
市販のリモコン活用

プロフィール

　Yさんは、養護学校を卒業後、わだちコンピュータハウスに就職しました。ただ、自宅から通うための交通機関が整っていないため、親の送迎での勤務は帰る時間がいつも決まっていて、最後まで仕事をかたずけられないこともあり、大変でした。仕事で遅くなったり、途中どこかで食事をして、夜遅く終電で自宅へ帰ったりする、誰でもがしていそうな生活が彼のあこがれでした。

　数年後、福祉ホームへ入り、念願の暮らしを始めることができました。職住接近のため、「終電車に乗って」は、実現していませんが、ちょっと家賃は高いけど、住み心地のいい空間を手に入れました。

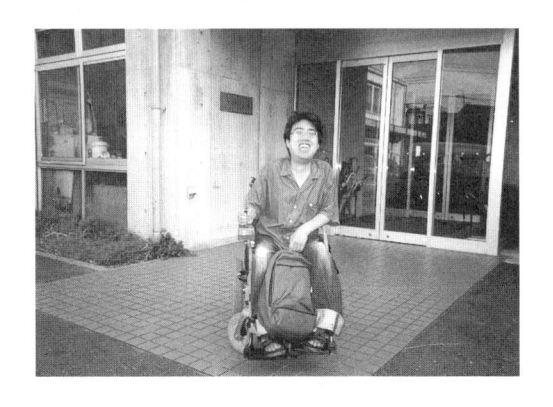

暮らしの状況

暮らし：ひとり暮らし
　　　　重度身体障害者通所授産所
障　害：筋ジストロフィー症
　　　　1級
ＡＤＬ：自立
介　助：時々ヴォランティア
　　　　家事（洗濯、掃除など）
移　動：屋内　電動車いす
　　　　屋外　電動車いす

改造のエピソード

　暮らしてみてからわかることが多かった。筋ジスのため腕があがりにくく、高い位置のスイッチへは手が届かないため、市販のリモコンをあちこちにつけた。

　お父さんが市販の便利グッズをいろいろ見つけてきてくれた。

　室内でも、電動車いすでの生活のため、ふすまをはずして室内での動きをスムーズにした。設計してくれた人が知り合いだったので、相談しやすかった。

改造後の生活

　バスタブが深いタイプのものだったため、浴槽への出入りを楽にするため、深さを浅くするようにパイプ製の台と木製すのこを作ってもらったが、すのこは、浮いて

きて使えなかった。
　家にいたときは家族の介助があり、長年、肩までつかる深いバスタブを使用していたためその習慣をなかなか変えられず、使いにくいまま、結局、深いバスタブのまま入浴している。

ここがお気に入り

・デザイン性のあるトイレの戸
　開閉も軽くて楽

・キッチンの照明の後付リモコン

センサーを照明器具に取り付け、冷蔵庫に接着させたリモコンで、点灯、消灯が楽。

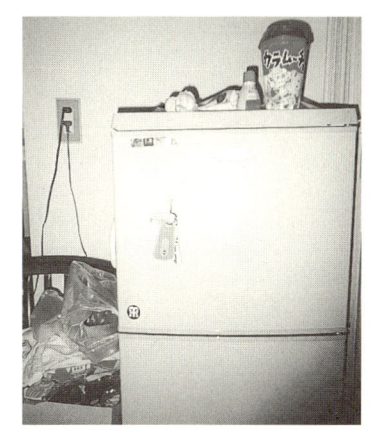

・浴室の窓を、開るための鎖
　閉める時は棒で押し上げる

ドアノブをレバーに。スロープもつけた

改造前図

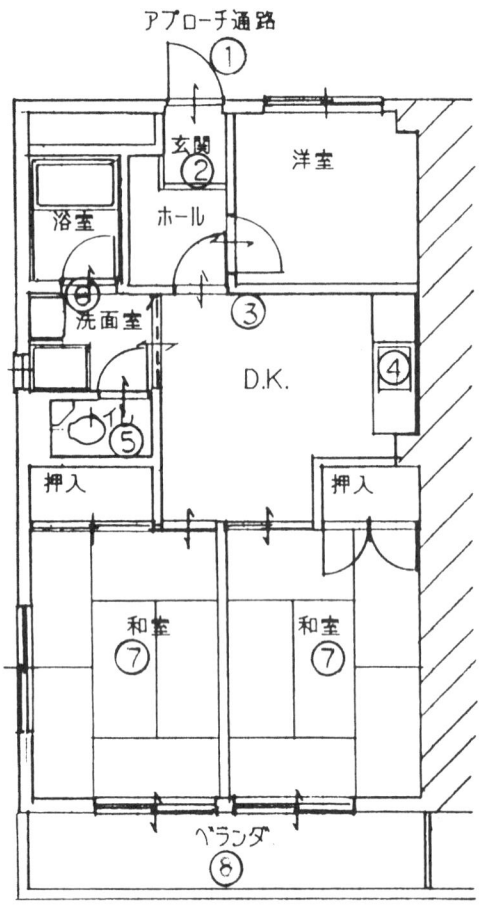

暮してみて変えたもの
・キッチンと寝室のふすまをとってアコーディオンカーテンに
・キッチンと寝室の電気をリモコン操作できるように

低い位置に変えたインターホン

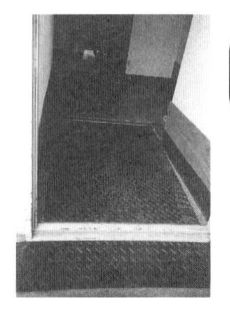

ドアノブにはめる市販のレバー内外共

鉄板を張ってスロープになっている。

電動車いすでぶつかってもキズがつかないようにキックプレートがほとんどの壁面にはってある。

裏面にマジックテープがついていて取りはずしができるリモコンプレート

バスタブの深さが深かった為、浅くするようにパイプ製の台と木製すのこを置いたが、本人は深い方がよかったので取りはずした。
現在洗い場に置いて活用中

改造のポイント

1 電動車いすで出入りできるように玄関入口の段差と扉を工夫する
2 電動車いすで移動できるよう框と室内段差を工夫する
3 インターフォンを使えるようにする
4 水栓を使えるようにする
5 トイレを使えるようにする
6 洗面・洗濯・入浴を車いすから移動して座って使用できるようにする
7 室内を車いすで自由に移動できるようにする
8 トイレを車いすで出入りできるようにする

改造費用：助成利用98万円＋日常生活用具

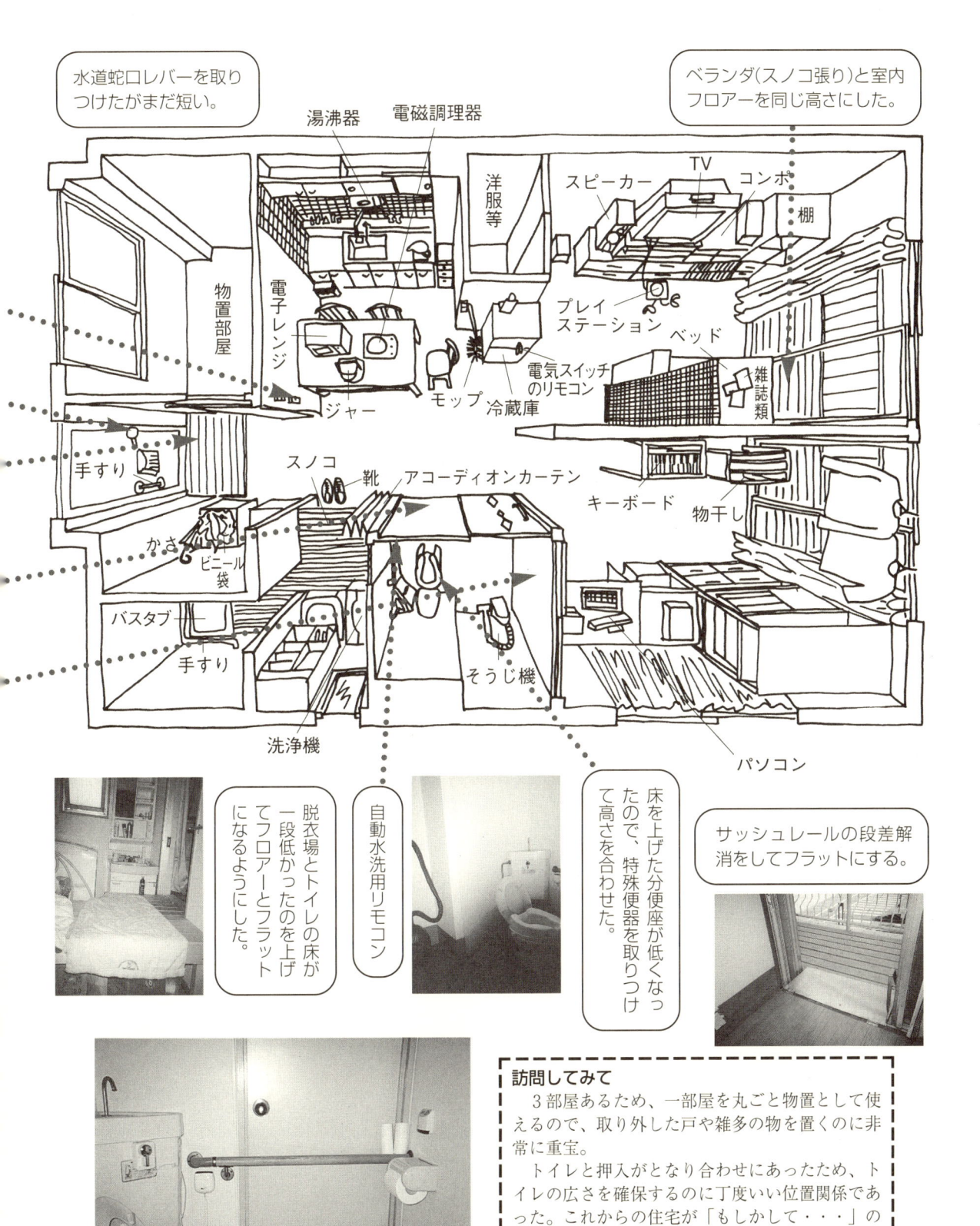

水道蛇口レバーを取りつけたがまだ短い。

ベランダ（スノコ張り）と室内フロアーを同じ高さにした。

湯沸器　電磁調理器

洋服等

スピーカー　TV　コンボ

棚

物置部屋

電子レンジ

プレイステーション

ベッド

ジャー

モップ　冷蔵庫

電気スイッチのリモコン

雑誌類

手すり

キーボード　物干し

かさ

スノコ　靴　アコーディオンカーテン

ビニール袋

バスタブ

そうじ機

手すり

洗浄機

パソコン

脱衣場とトイレの床が一段低かったのを上げてフロアーとフラットになるようにした。

自動水洗用リモコン

床を上げた分便座が低くなったので、特殊便座を取りつけて高さを合わせた。

サッシュレールの段差解消をしてフラットにする。

訪問してみて

3部屋あるため、一部屋を丸ごと物置として使えるので、取り外した戸や雑多の物を置くのに非常に重宝。

トイレと押入がとなり合わせにあったため、トイレの広さを確保するのに丁度いい位置関係であった。これからの住宅が「もしかして・・・」のことを念頭においてスペースを広げられるように作られていくと改造も楽にできると感じた。

調査：淺井・鈴木（さ）

I.T.さん宅

リフト3基を使って生活
一人の時間を大切に

プロフィール

Iさんは筋ジストロフィー症という進行性の障害を持っています。「いつかは当たり前の生活をしたい」「地域へ出たい」という意志を実現させた人です。職業訓練校、授産所と自立を目指していましたが、進行に伴い、就職より病院や施設を勧められました。それはいやだと思い、やむなく自宅での療養生活に入りましたが、福祉ホームができたことをきっかけに、リスクがたくさんある自立生活をあえて選び、生活訓練後、福祉ホームへ入居しました。

その後地域で暮らし始めるに当たって、アパート探しには時間がかかりました。

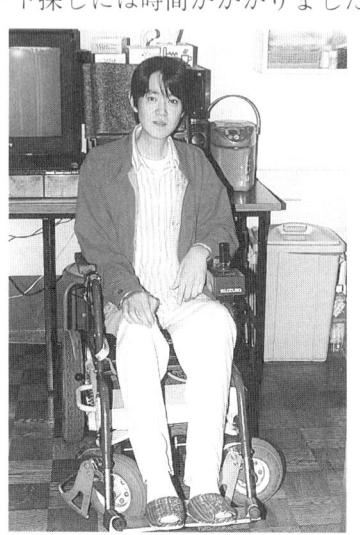

「障害者は火の始末ができないのではないか」と安全管理面を心配され、なかなか見つかりませんでした。やっと見つかった今のマンションは、家賃の面で多少の不満はありましたが、他にも障害を持つ人が住んでいるので決めました。

暮らしの状況

暮らし：ひとり暮らし
　　　　小規模作業所勤務
障　害：筋ジストロフィー症
　　　　1級
介　助：自立支援事業利用
　　　　ガイドヘルパー利用
　　　　24時間巡回型ヘルパー利用
　　　　生活保護他人介護料
　内容－入浴、家事、炊事、寝返り、排せつ、車いすからの移乗等
移　動：屋内－電動車いす
　　　　屋外－電動車いす
ＡＤＬ：自立－食事、外出、移動
　　　　一部介助－整容
　　　　介助－入浴、更衣、排泄、就寝

改造のエピソード

・使えると思っていた洗面台に幅が狭くて車いすで近づけないのであきらめて食卓の上に洗面器をおいて洗面している。
・改造工事者とは、壁の補強ラバーを指示のない所まで取りつけるなど、意志疎通が思うように計れなかった。
・移乗に介助が必要なので、介助者にも本

人にも負担が少なくなるようリフトの導入をした。
・天井走行式は、金額的にも構造的にも無理だった。

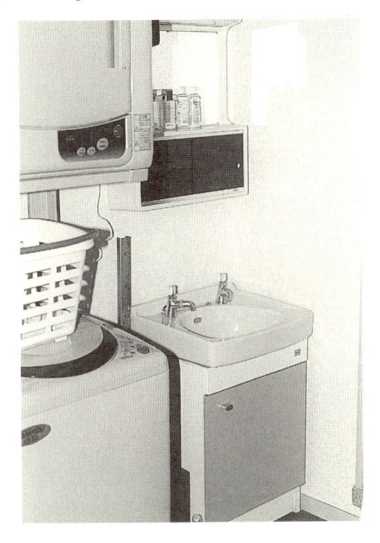

改造後の生活

玄関ドアは予算の都合で自動にするなどの改造ができず、入居3年目にドアオートクローザーをつけることにした。一人で自分の家への出入りができないことからくるストレスは相当のものだった。

またリフトが途中で止まり、緊急装置も機能しないことがありすぐとりかえてもら

った。修理すると言われたが、また止まったらと思うと心配で、別のものを入れた。取り付けた業者、メーカーは、点検、アフターサービスには、十分気を配ってほしい。

入居当初、リフトは2基で、浴室1基、トイレと寝室は兼用カセット式で、移動し使っていたが、不便な為自費でもう一基増やした。今は、とても充実しています。

介助者のいない時間は、不安がないとは言えないが、本当の一人の生活を送っている実感がある。

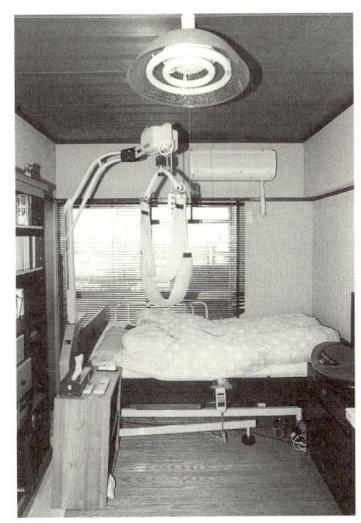

ここがお気に入り

・思い切ってリフトを3基導入することを決意したこと。
・介助者が介助しやすく、自分にとっても介助されやすいと考え、お互いの体に負担ないようになった。

改造前図

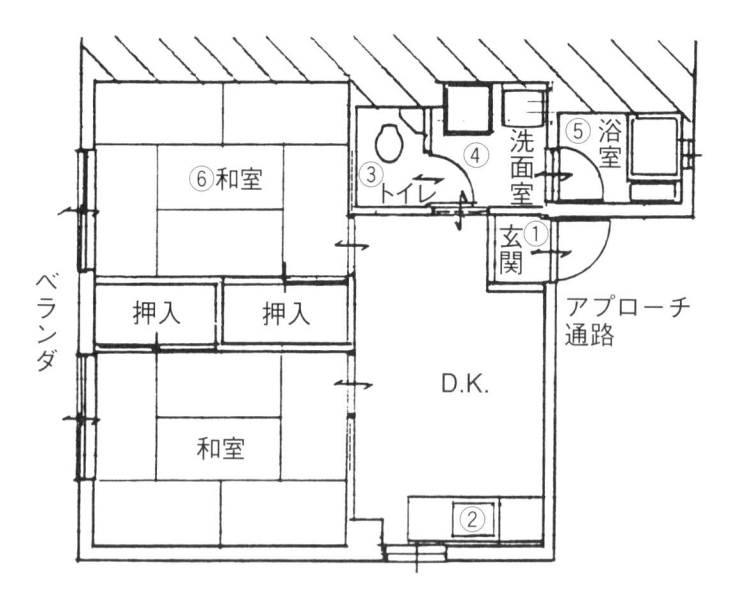

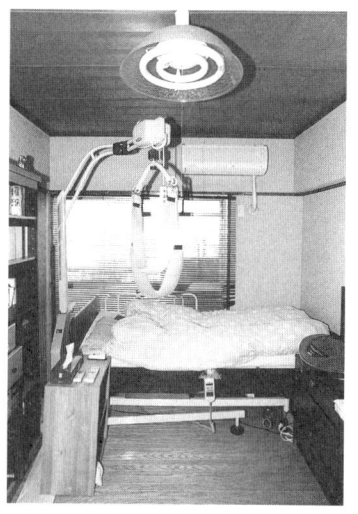

リフト
使っている途中、宙づりの状態で止まり緊急ボタンも働かず困った！
修理ではなく、新品と交換してもらい解決

改造のポイント

- 介助者が介助しやすいようにしたい
- できるだけ自分でできるように工夫したい

1. 玄関扉・段差を電動車いすで出入りできるように
2. 水栓蛇口を使えるように
3. トイレでリフトを使って介助者が負担にならないように水洗を自分で使えるように
4. 車いすで出入りできるように
5. 入浴をリフトを使って介助に負担がかからないように
6. 居住室として使えるように、ベッドへの移乗はリフトで
7. 車いすで動き回れるよう敷居の段差をなくす

改造費用：助成利用100万円
　　　　　日常生活用具給付40万円
　　　　　自己資金40万円

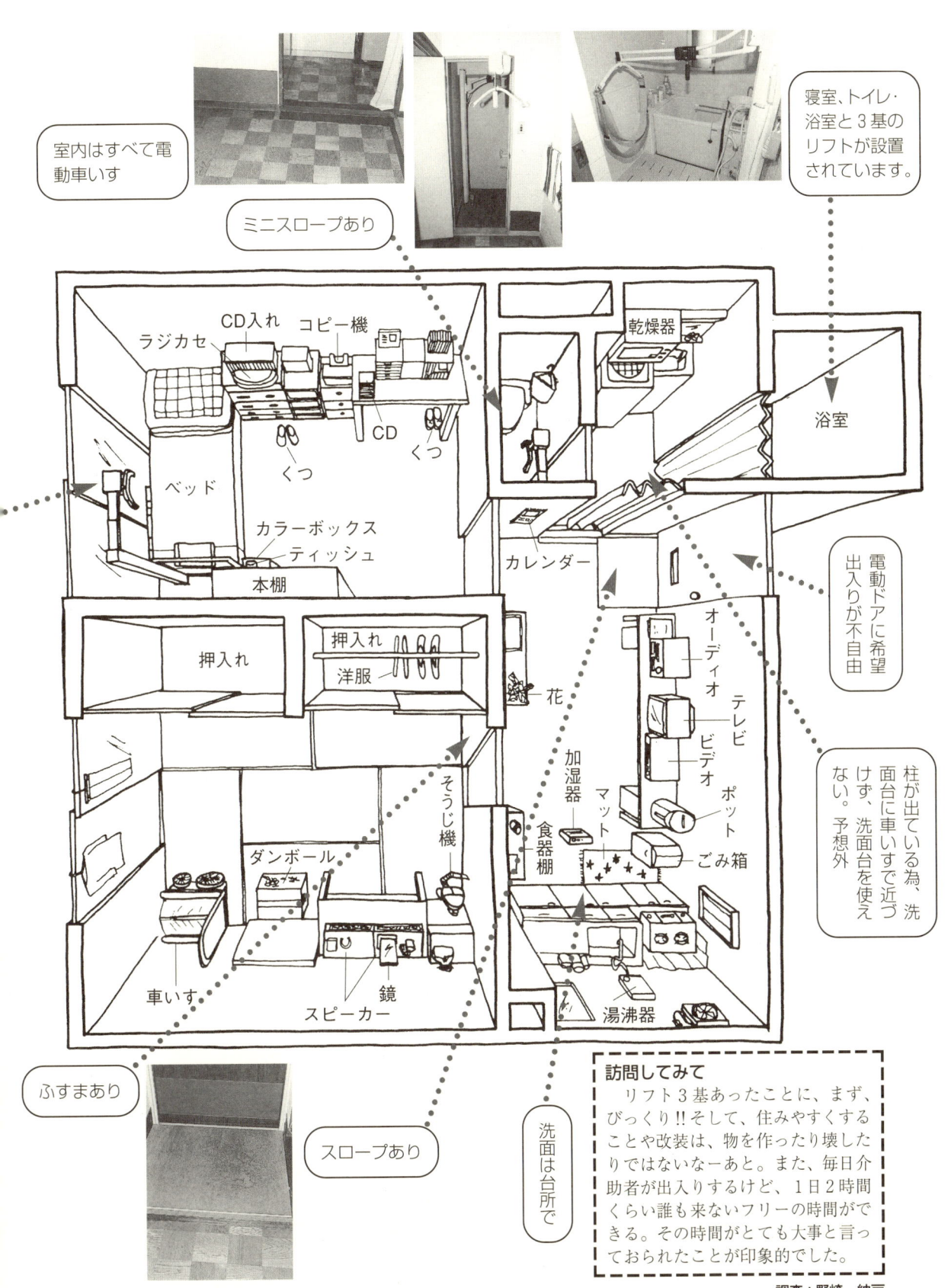

- 室内はすべて電動車いす
- ミニスロープあり
- 寝室、トイレ・浴室と3基のリフトが設置されています。

間取り図内ラベル：
- ラジカセ
- CD入れ
- コピー機
- CD
- くつ
- ベッド
- カラーボックス
- ティッシュ
- 本棚
- 押入れ
- 押入れ 洋服
- 乾燥器
- 浴室
- カレンダー
- 花
- そうじ機
- ダンボール
- 車いす
- スピーカー
- 鏡
- 加湿器
- 食器棚
- マット
- オーディオ
- テレビ
- ビデオ
- ポット
- ごみ箱
- 湯沸器

- 電動ドアに希望 出入りが不自由
- 柱が出ている為、洗面台に車いすで近づけず、洗面台を使えない。予想外
- ふすまあり
- スロープあり
- 洗面は台所で

訪問してみて

リフト3基あったことに、まず、びっくり!!そして、住みやすくすることや改装は、物を作ったり壊したりではないなーあと。また、毎日介助者が出入りするけど、1日2時間くらい誰も来ないフリーの時間ができる。その時間がとても大事と言っておられたことが印象的でした。

調査：野崎・納戸

57

A.S.さん宅
動線にムダのない暮らしやすい家

■プロフィール

　Aさんは電動車いすに乗って一人でどこまでも出かけます。福祉機器展やショールームなども自分でチェックする行動派。

　そんなAさんも27才頃までは施設からほとんど出ない暮らしをしていたそうです。規則ばかりの施設で一生を終りたくないと福祉ホームに入られました。ホームの生活で、介助者を自分で探し、介助内容と方法を自分で指示する生活を初めて経験し、施設生活では限られた人間関係しかとっていなかったので最初はとてもとまどわれたそうです。それでも自立への思いは強く、できないと思っていた暮らしを手に入れた現在は、ひとり暮らしをしながら「ぴあ名古屋」に勤務しています。Aさんの夢は、施設にいる人たちが、外へ自由に出られるように相談にのったり手伝ったりすること。経験豊富なAさんだから、ノウハウがぎっしりつまっています。

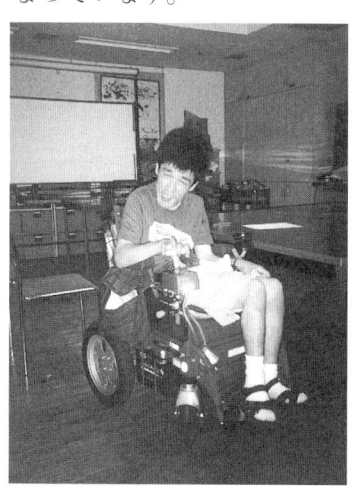

暮らしの状況

暮らし：ひとり暮らし
　　　　小規模作業所通所
障　害：脳性マヒ
　　　　1級
ＡＤＬ：自　立－起居、外出、排泄
　　　　全介助－食事、更衣、入浴
介　助：自立支援事業介助者派遣利用
　　　　ヴォランティア
　　　　内容－家事、身辺介助
移　動：屋内　四つ這い
　　　　屋外　電動車いす

■改造のエピソード

　作業療法士や理学療法士、建築士のいる自助具・住宅相談室や福祉機器等展示しているところに相談。名古屋市の身障住宅助成金制度（100万円）を受け、施工。

　行政の対応等に時間がかかり、相談から工事完了までに4ヶ月を要し、福祉ホームと新居両方の家賃を払う必要があった。

　重い玄関ドアの開閉には困った。初めにつけてもらったプラスチックのノブは、少

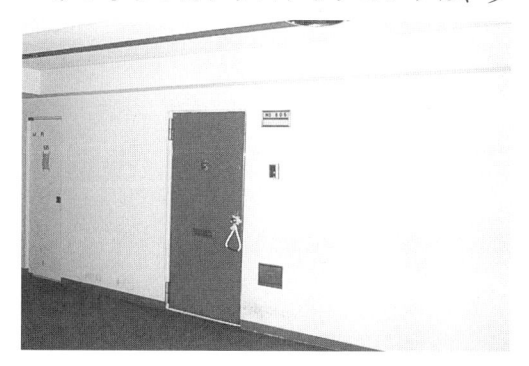

しの間でこわれ、ひもをつけたが、それも不具合だった。その後、吸着のレバーを見つけ、それを取手につけたら調子が良く、ノブを回さなくてもドアをあけられるようになった。

ここがお気に入り

- 玄関のスロープ
- トイレの水洗リモコン
- トイレの手すりを基準より20センチ位高く取り付けてあるが、この手すりを使うと自力で座位姿勢から便座に座ることができる。トイレの水洗リモコンが使いやすい。トイレは自宅では自立している。

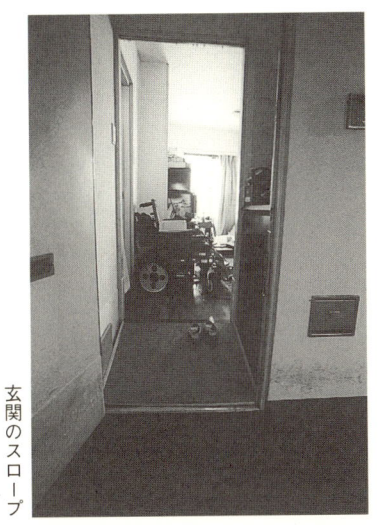

玄関のスロープ

トイレの手すり

改造後の生活

ひとりの時間を持てるようになり、また、好きな時に外出でき行動範囲が広がった。

入居した頃は、夜遅く帰宅すると、近所の人から「遅いとあぶないから、もっと早く帰りなさい」と言われることもあったが、近所の人が声をかけてくれることがうれしい。

ある年、昼間に台風が来て、住んでいる地域一帯が停電になり、4時間程1Ｆのフロアーでエレベータが動くのを待っていたことがあった。夕方になって帰宅して来たマンションの人たちがおぶって6Ｆの部屋まであげてくれた。地域で暮らしているという実感を味わった。

自分の生活の多くに介助が必要であり、介助者との関わりやヴォランティアを探すことなど大変なことはあるが、施設から出て、本当の自分らしい生活ができた。日常生活の大変さよりも、自分の時間を持つことの大切さを感じるようになった。

改造前図

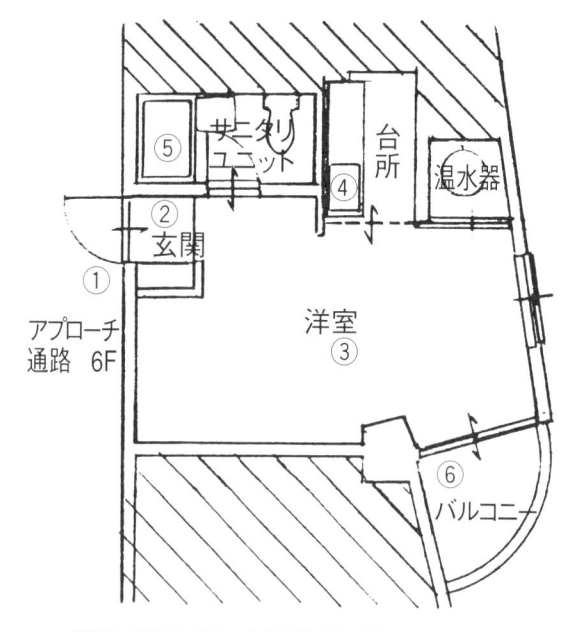

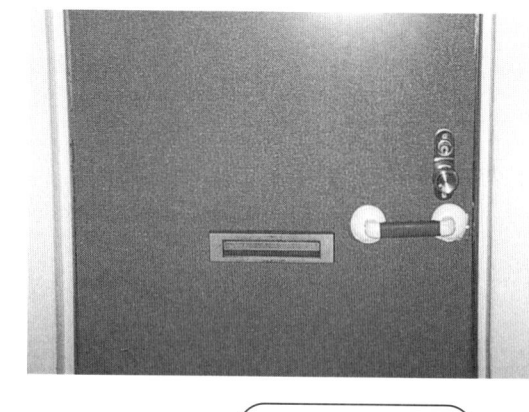

自分でひもを取付けて使いやすくしたが今はひもをやめて吸着のレバーにした。

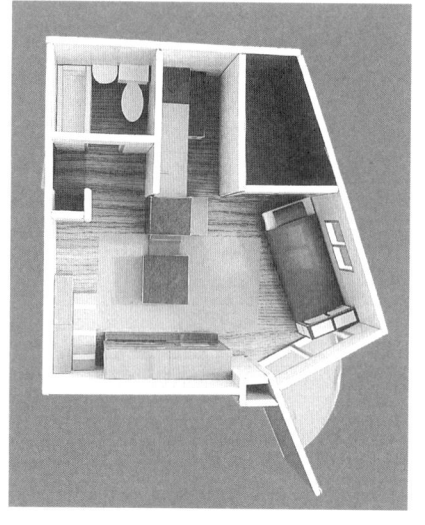

電動車イスで出入りしやすいスロープ設置

改造のポイント

・介助者が介助しやすいように工夫したい

1 扉の開閉をスムーズにできるように
2 あがり框段差を車いすで出入りできるように
3 座って移動するので、床の仕上げ・スイッチの高さなど使用しやすいように
4 水栓を使いやすいように
5 サニタリーを一人で座って使用できるよう、またぎ段差・水栓・洗面台・シャワートイレ等改善
6 ベランダに出入りしやすいように

改造費用：助成利用100万円

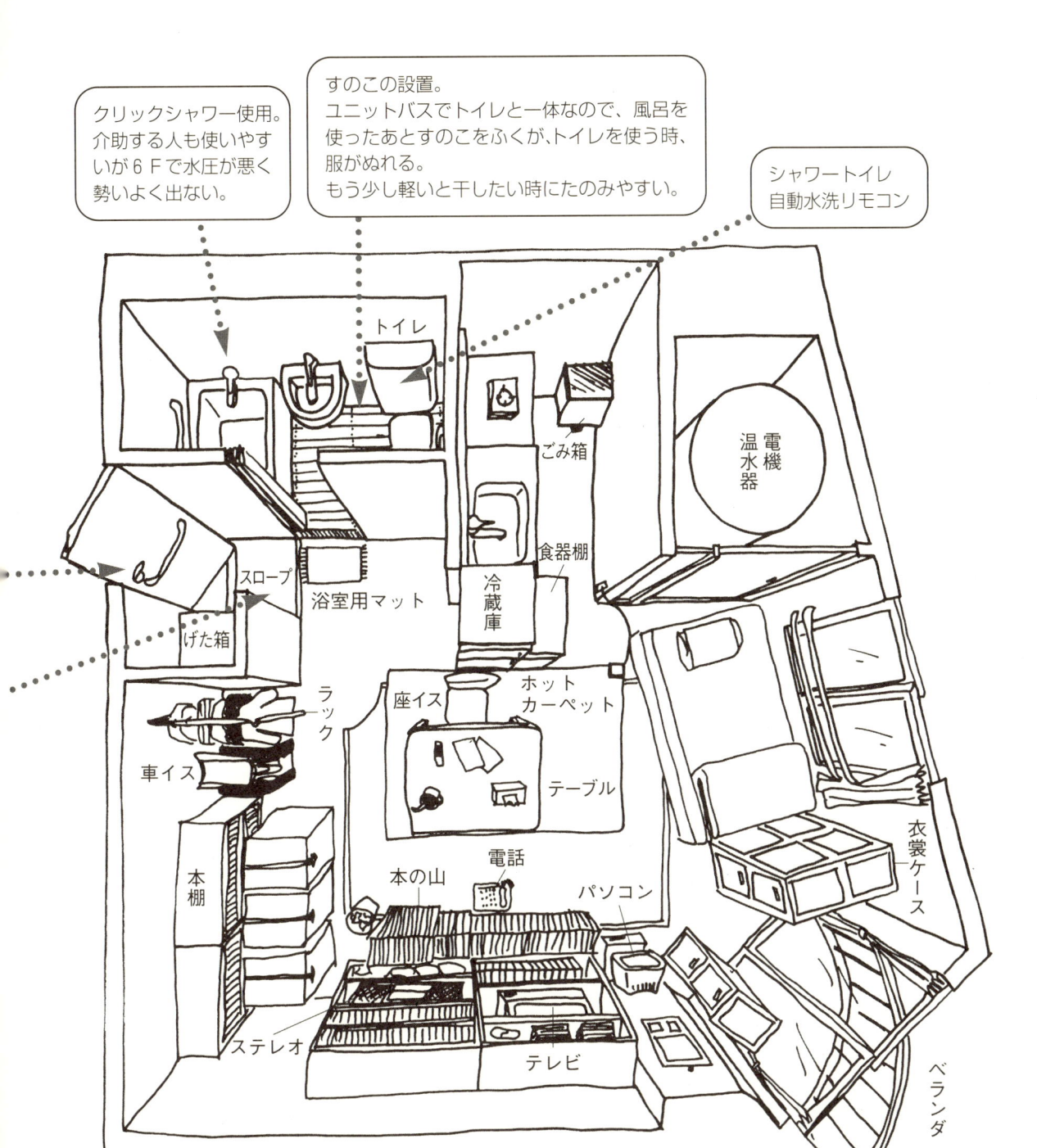

クリックシャワー使用。介助する人も使いやすいが6Fで水圧が悪く勢いよく出ない。

すのこの設置。
ユニットバスでトイレと一体なので、風呂を使ったあとすのこをふくが、トイレを使う時、服がぬれる。
もう少し軽いと干したい時にたのみやすい。

シャワートイレ
自動水洗リモコン

トイレ
ごみ箱
電機温水器
スロープ
浴室用マット
食器棚
げた箱
冷蔵庫
車イス
ラック
座イス
ホットカーペット
テーブル
衣裳ケース
本棚
本の山
電話
パソコン
ステレオ
テレビ
ベランダ

訪問してみて
電動車いすを駆って、ひとりでどこへでも出かけるAさん。玄関ドアを自力で開閉できる工夫をはじめ、無駄のない動線で家の中を移動できたりパソコン等をごく身近で使えるようになっていたりと、住まいの中にその行動力の秘密を見つけた気がします。
とても勉強になりました。

調査：山口・小出

I.Y.さん宅
マンションの自室を もっと重い障害の人への 生活支援オフィスに

プロフィール

コンビニハウス（重度心身障害者のレスパイト事業）の仕事で忙しい日々を送っているIさんは、7階建て賃貸マンションの4階で生活を始めて8年目になります。

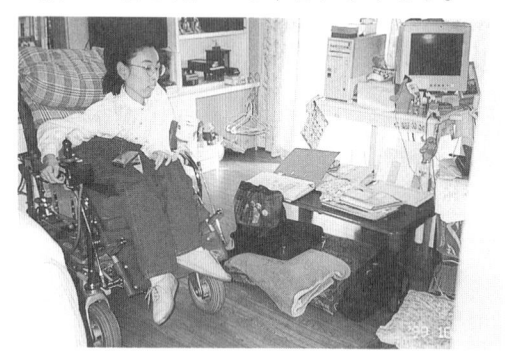

養護学校卒業後、自立生活体験室で親以外の人の介助で過ごす生活を試し、「これでいける」と実感した彼女は、自分の生き方を決めました。家族とずっと一緒にいる生活ではなく、必要な介助者はヴォランティアと制度を利用して暮らしていくこと。

彼女の名言「親は、娘の介助で人生を送るのではなく、お金を残すこと」。

自分の障害のことを理解し、介助の方法を把握できる介助者を育て、指示どおりに動いてくれる人たちと、自分らしい暮らしを始めました。

3か月の体験室利用期間中に、何十カ所も不動産屋さん巡りをしましたが断られ続け、障害者へ貸してくれるところはなかなか見つかりませんでした。結局ヴォランティアさんの「あそこ空いてるよ」という情報を得て、重度障害者の自分ではなく、親の名前で借りる方法でなんとか住まいを見つけました。

この住まいを一個人として活動するために必要な拠点となるよう、自分にとってもまた、介助者にとっても動きやすい住宅に改造し、電動車いすを駆使し、仕事に趣味に飛び回っています。

暮らしの状況

暮らし：ひとり暮らし
　　　　重度障害者通所援護事業運営スタッフ
障　害：ウェルドニッヒホフマン病
　　　　1級
ＡＤＬ：全介助
介　助：自立支援事業利用＋ガイドヘルパー＋ヴォランティア
　　　　内容－日常生活のすべて
移　動：屋内　電動車いす
　　　　屋外　電動車いす

改造のエピソード

改造にあたって、大家さんの許可が得られず、改造したい箇所はたくさんあるものの、必要最低限の工夫による改造となってしまった。どうしても必要な改造部分は、道具の工夫や市販の物を利用した。工夫や

改造にあたっては、体験室利用でできた友人、知人、ヴォランティアとの相談や協力を得ることができた。

電動車いすを大型の物に替えたので、今までの部屋の入り口のスロープ（木製）では、幅がたりず、部屋に入りにくくなった。ドアの前の通路全体に山形にスロープを新たに作ってもらい、楽になった。

ここがお気に入り

・共用玄関（マンションの入り口）に手作りのスロープを設置

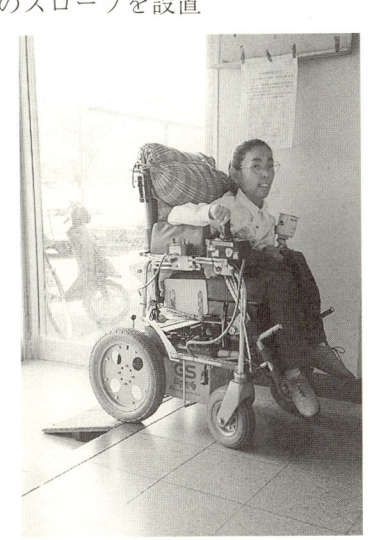

・呼び鈴をインターホンに取り替え、コードレス電話と接続した
・浴室の扉をアコーディオン扉に

・洗濯用のポンプにシャワーヘッドを取り付け"手作りシャワー"を作成

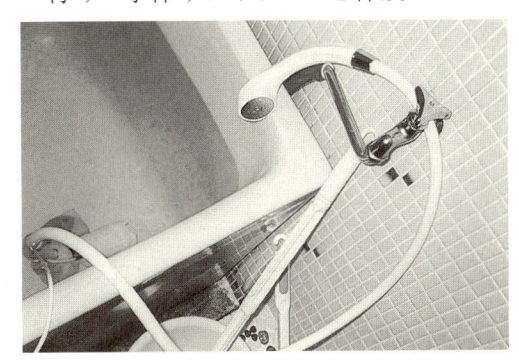

・和室（畳）を長尺塩ビシートに取り替え、電動車いすの重さ（約90kg）にも耐えられるようなフロアーにした。

改造後の生活

自室を「コンビニハウス」の事務所として活用することもあり、以前より仕事が増えた。現在の住宅に移り住んでからは、行動範囲も交友関係も広がった。

好きな歌手のコンサートへは、どこへも行き、細い体からは、ライフワークと趣味に打ちこむ情熱があふれている。

改造前図

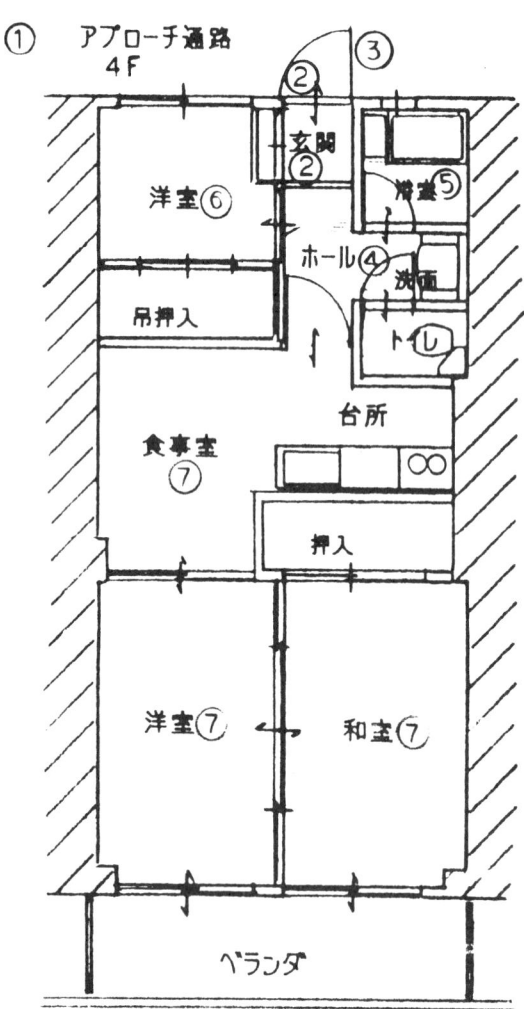

① アプローチ通路 4F
② 玄関
洋室⑥
吊押入
ホール④
洗面
冷蔵⑤
トイレ
台所
食事室⑦
押入
洋室⑦
和室⑦
ベランダ

注目!!
このマンションの入口である共用玄関のアプローチと、玄関ホールの通路の段差にも手造りのスロープを設置。

『共用エレベーターのスイッチが届かないけど、これはどうしようもできない…。』

『実は大家さんには秘密なの。』

扉をなくして3つの部屋を一室に。

『このポットは押すタイプのものでなく、回すタイプのもの。これで楽に使えるのヨ』

改造のポイント

- できるだけ自分でできるように工夫したい
- 介助者が介助しやすいようにしたい

1. 共用の玄関・通路の段差の移動に介助者の負担がないようにひとりでも移動できるようにしたい
2. 電動車いすで移動できるよう玄関の段差をなくす
3. 扉・錠の開閉がひとりでもできるようにする。また、来客の対応がベッドからできるようにする
4. 洗面・トイレ・浴室を介助しやすいようする
5. シャワーを取り付けたい
6. 仕事場として使用できるようにする
7. 移動・介助がしやすいよう、ワンルームにして和室の畳を車いすで動きやすいようにする

『この部屋は、コンビニハウスの事務所として活躍しています!!』

『この玄関扉、本当は一人でも鍵をかけられる様改造したかったけど、大家さんの許可がか得られなかったの。だからそのまま…』

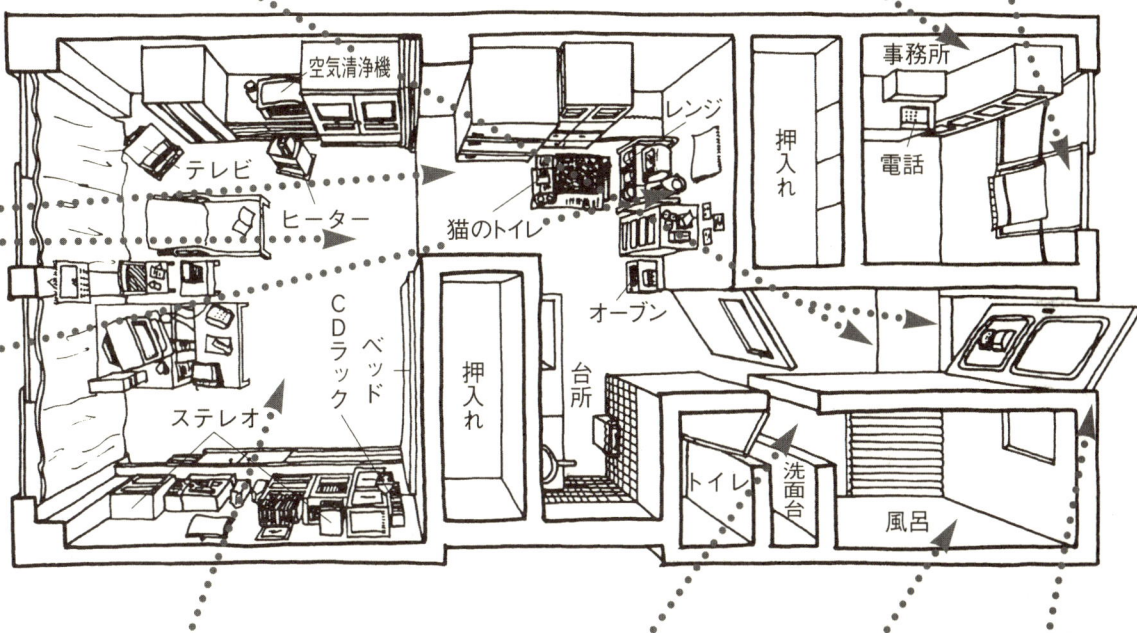

2箇所の段差に簡易型スロープを設置してある。

畳を、電動車いすの重さにも耐えられる様なフローリングに。(長尺塩ビシート)

浴室の扉を取っぱらってアコーディオンに変えた。

注目!!
洗濯用のポンプにシャワーヘッドをつけ、手作りシャワーを使っている。

呼び鈴をインターホンに替え、コードレス電話と接続。

ちょっと言いたい一言…
このマンションの持ち主は、改造にあたって、まったく了解をしてくれなかった。ある時は、裁判にまでかけようとも思った!! しかし、弁護士さんいわく、
「勝ち目はない…」と。
利用者の意見を最大限に取り入れた住居を提供してほしい!!

訪問してみて
改造を制限されているなりにも、スロープを設置したり、様々な道具の工夫をすることで少しでも生活しやすいように考えられていた住まいが印象的でした。共用玄関のスロープなどは、Iさんに限らずとも、他の入居者にとっても使いやすいものであるはずなのに、なぜ大家さんは、了解してくれないのか疑問を感じました。

調査：加藤・奥田

S.K.さん宅
体が動くうちは自分でできることは自分で

プロフィール

海外での生活経験があり、海外の人を迎えての交流会のときなどには通訳を務めるSさんは、いろいろな人と話すことにより、障害者のことを理解してほしいと積極的に活動されています。

障害者は、「介護機器や住宅を整えることで普通の生活のスタートラインにたてる」と思い、住まい探しを始めたが、なかなか見つからず40軒程回って大変だったそうです。体力のあるうちは大変でも、時間をかけて自分自身でできるようにを心がけているので、浴室も、入浴の際、危険が少ないような間取りを探し選ばれました。

住む場所選びする時には、職場と住まいがある程度距離のあるところが自分に合っているとの思いで、職場より電動車いすで15分かかる距離の新居を決めました。少し遠く、雨、風、事故など色々不安があっても、だだひとり暮らしだけではなく、自分らしい自立をめざしているSさんです。

暮らしの状況
暮らし：ひとり暮らし
　　　　嘱託職員
障　害：脳性マヒ
　　　　1級
ＡＤＬ：自立
介　助：なし（時々ヴォランティア）
　　　　内容（家事）
移　動：屋内　松葉杖、よつばい、つたい歩き
　　　　屋外　電動車いす
　　　　　　　両松葉杖使用

アパートを見つけるまでのエピソード

・アパート探しは、結構大変。通勤を考え半径2～3Kのエリアで50ヶ所位あたった。物件があって、障害者が行くと、「ないの一点張」とか、「何かあった時の責任とれるか」とか、「あぶない」というあいまいなことで断られた。こうしたけんもほろろというのが1～2割、内、2割の10ヶ所位は、親切にしてくれ、物件を見に行き、それでやっとみつかった。

・自分自身で入浴するため、危険が少ないようにするため。

・トイレと浴室が別になっている所を探した。

改造というより、自分がなるべくひとりでできるような安全なアパートを見つけることを考えていたので、希望の所を見つけるまでは、思った以上に大変だった。電動

車いすの重量に床が耐えられるか問い合わせたら、だめだという返答もあった。

アパートを見つけるポイント

・自分がどんな家に住みたいかをはっきりしておくこと。
・それには、間取りのイメージをもっておく。賃貸アパートの情報誌はイメージすることや不動産屋で説明するのに役に立つ。

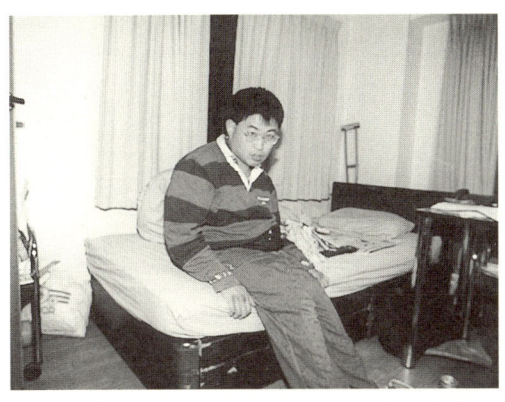

・不動産屋で、探してもらうには、改造可能かどうかや、家賃もどの位か自分の予算を心づもりしておくこと。
・車いすをどこに置けるかどうかも考えて間取りをみることが必要。特に室内では、車いすからおりて生活する人にとって。

改造のエピソード

玄関ドア前のスロープと玄関内のミニスロープだけで改造は最低限で済ませている。電動車いすの置き場を玄関のスペースで考えていたが、狭くて床に置くことになった。

大工仕事の得意なヴォランティアさんに作ってもらった。

改造後の生活

アパートに引っ越して暮らすようになった時、となり近所の人へあいさつに行った。

近所の人に助けてもらうことが何度かあった。雪が凍って道がデコボコになり、電動車いすが空回りして困っていた時、氷を割ってもらった。また、部屋の中の手の届かない場所のコンセントがはずれ、となりの家へ声をかけて手伝ってもらった。

実際生活してみて、エアコンのスイッチが壁に固定されていて使いにくかったり、自炊が大変だったが、精神的には楽になり、ひとりの時間が持てるようになった。福祉ホームでは車いすに座りっぱなしの生活だったが、自分の家では車いすを降りて動くようになったので、体の調子がよい。経済的には心配だが、身体的・精神的には大丈夫です。

困った時は、近所の人に助けてもらいながら、自分の生活を楽しんでいます。

エアコンのスイッチ

アプローチ通路

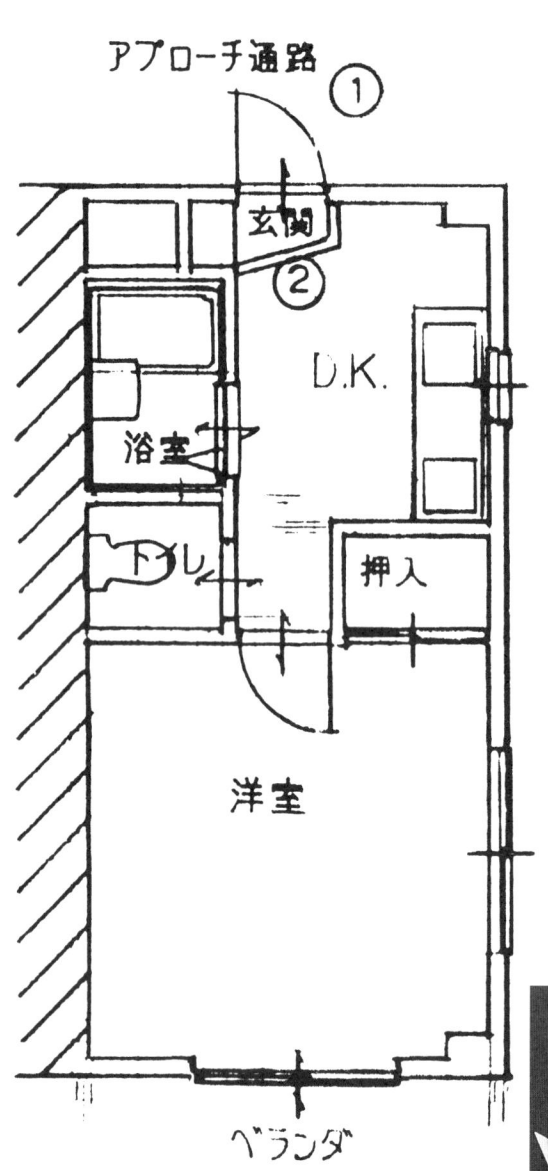

ヴォランティアさんのお手製でとても助かっているミニスロープ

浴室は体力のあるうちは自分の力で入りたい為、部屋探しの時危険を少なくする為、トイレと別室作りの部屋を探した。

改造のポイント

1 電動車いすで移動できるよう段差をなくす。
　アパートの出入り口からドアまでの段差解消のためのスロープ

2 あがり框(かまち)の段差をなくす玄関が狭いが、電動車いすを玄関に置くために床に電動のキャスターをのりあげて置くため。
改造費用：3500円（材料費のみ）

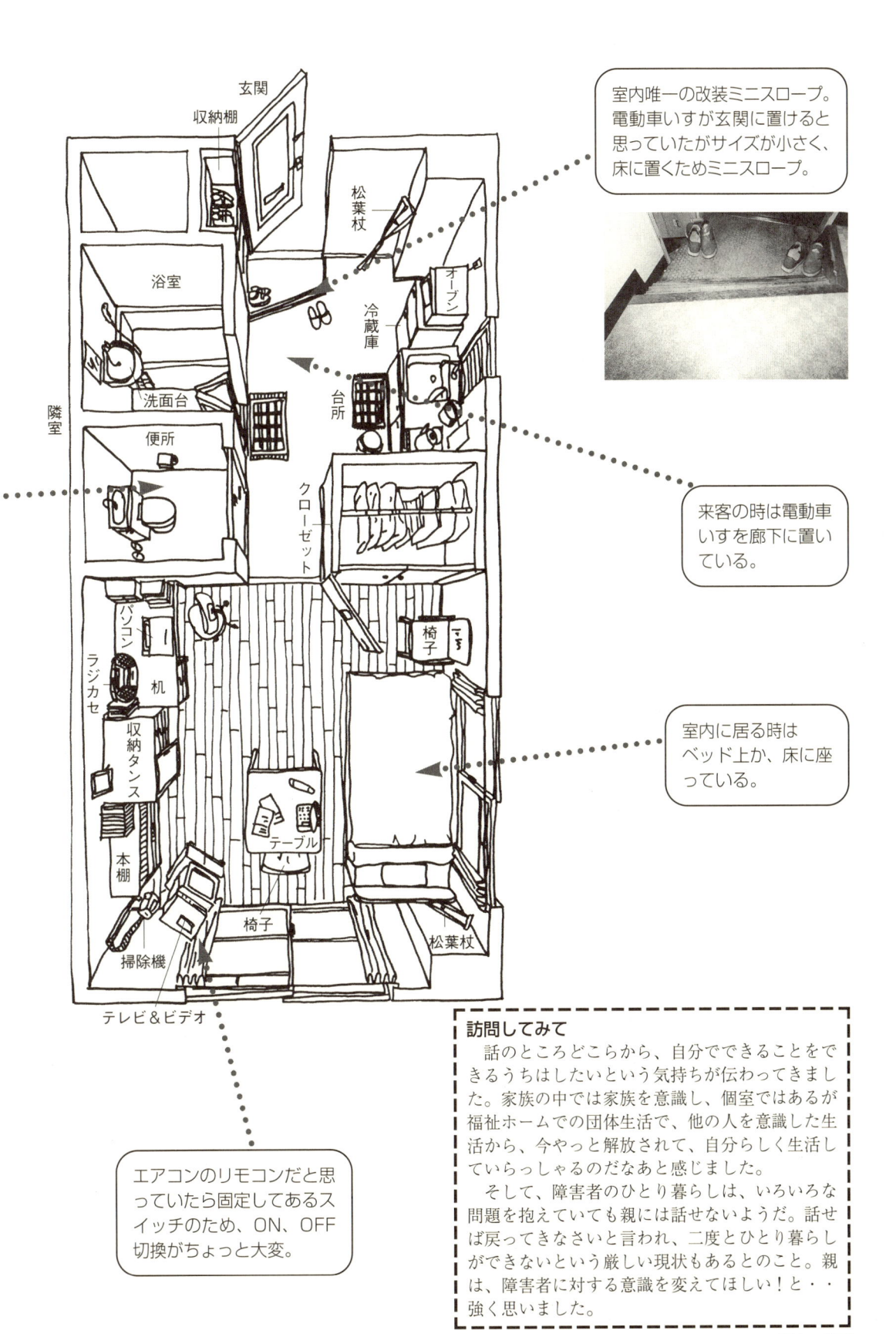

間取り図の各部屋・家具ラベル（右上から時計回りに）:
- 玄関
- 収納棚
- 松葉杖
- オーブン
- 冷蔵庫
- 台所
- クローゼット
- 椅子
- 松葉杖
- テレビ＆ビデオ
- 掃除機
- 本棚
- 椅子
- テーブル
- 収納タンス
- ラジカセ
- 机
- パソコン
- 便所
- 洗面台
- 浴室
- 隣室

吹き出し:

> 室内唯一の改装ミニスロープ。電動車いすが玄関に置けると思っていたがサイズが小さく、床に置くためミニスロープ。

> 来客の時は電動車いすを廊下に置いている。

> 室内に居る時はベッド上か、床に座っている。

> エアコンのリモコンだと思っていたら固定してあるスイッチのため、ON、OFF切換がちょっと大変。

訪問してみて

話のところどころから、自分でできることをできるうちはしたいという気持ちが伝わってきました。家族の中では家族を意識し、個室ではあるが福祉ホームでの団体生活で、他の人を意識した生活から、今やっと解放されて、自分らしく生活していらっしゃるのだなあと感じました。

そして、障害者のひとり暮らしは、いろいろな問題を抱えていても親には話せないようだ。話せば戻ってきなさいと言われ、二度とひとり暮らしができないという厳しい現状もあるとのこと。親は、障害者に対する意識を変えてほしい！と‥強く思いました。

調査：納戸

A.K.さん宅
玄関、浴室、和式共用トイレとリフォームいっぱい！わが家はいーよ

■ プロフィール

重度更生援護施設から福祉ホームへ。少しずつ地域での生活の幅を広げてきたAさん。ホーム周辺に手頃な住宅を見つけました。仕事も福祉関連の職場であり、職住接近のよい環境でますます活動範囲は広がりをみせています。

療護施設から出て自立したいという希望を持っている人達を自宅に泊めたり、また、電動サッカーチームのリーダーとしても活躍し、障害を持つ先輩として面倒見のいい人です。

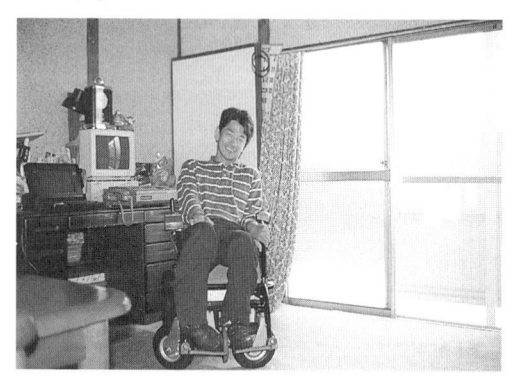

暮らしの状況

暮らし：ひとり暮らし
　　　　小規模作業所通所
障　害：脳性マヒ
　　　　1級
ＡＤＬ：自立－起居、食事、移動、外出
　　　　整容、更衣
介　助：自立支援事業利用
　　　　内容－食事作り、入浴介助、家事など
移　動：屋内－電動車いす
　　　　屋外－電動車いす

■ 改造のエピソード

築28年のアパートだが、広い間取りで、土台もしっかりしていて、電動車いすで動いてもぎしぎししないところだった。

室内を車いすで動くことを考え、風呂と台所のドアの開き方向を工夫した。

玄関前の踊り場は広いが、扉の幅が狭く、電動車いすでの出入りができなかったため、壁をこわして広い幅のドアを取りつけられるようにした。洗たく機と乾燥機も外に出すことができた。

玄関を入ったところにガス釜があったので、パネル操作のガス湯わかしに取り替え、電動車いすを置けるようにした。手すりをつけて立ち上がれるようにし、部屋へあがり部屋用の車いすに乗りかえる。

　ドアの表にもひもをつけ、電動車いすでバックしながら開ける。

　トイレの改造は、壁と扉をはずして広くし洋式にすることでひとりで使えるようになった。

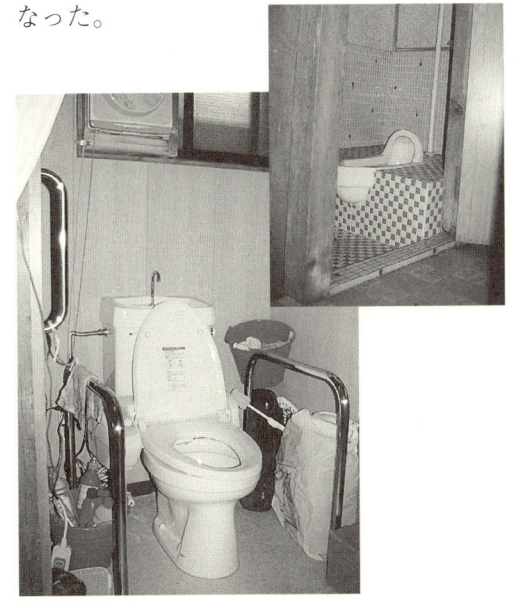

改造後の生活

　一度、入浴後に車いすに乗り移る際に転倒し、30分間裸のまま助けを呼び続けたことがある。生活しやすいように改造しても自由な生活は、いつも危険とも隣り合わせ。だけどやめられない、一度手に入れた『自分の生活スタイル』。

　自立を目指している、自分と同じような障害を持つ人に実際の生活や介助者の見つけ方、介助依頼するときの言い方・関わり方などのアドバイスをしたり励ましたりしている。家にまねいて泊めることもある。

ここがお気に入り

　浴室のリフォームで洗い場・浴槽への出入りがとても楽になった。

　福祉ホームに入っていたときの浴室の形を参考にして、浴槽の縁と同レベルの台（ステンレス製）を入れたので、自分で動けるし介助者も楽になった。

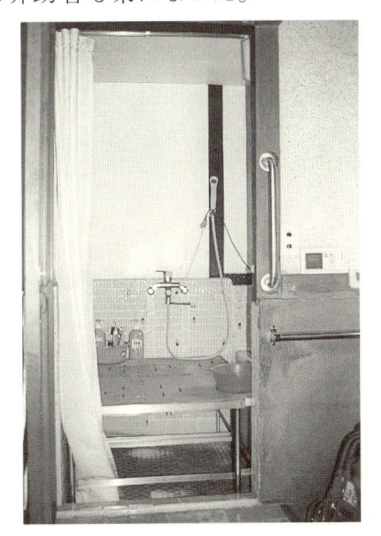

改造前図

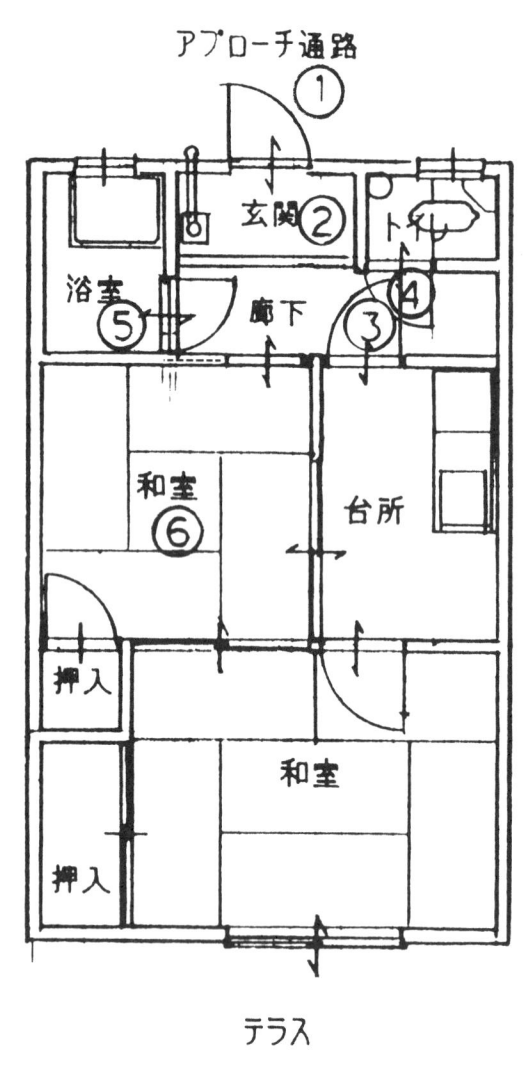

アプローチ通路

ドアを閉めるためのひも 車いす乗り降りのための手すり。

洗い場を浴槽のへりと同じ高さにあげた。

ドアを反対開きにした。

趣味のオーディオ関係がズラーッと。

テラス

改造のポイント

- できるだけ自分でできるように工夫したい
- 介助者が介助しやすいようにしたい

1. 電動車いすで出入りできるよう、段差と扉開口幅を工夫する
2. 車いすを置いておく広さの確保と照明
3. 扉の開閉操作をスムーズに
4. トイレを一人で使えるように
5. 入浴がスムーズにできるように
6. ベッドルームとして使用できるように
7. 緊急時に対応できるよう電話対応
8. 玄関外で洗濯できるように

改造費用：助成利用100万円
　　　　　日常生活用具給付100万円

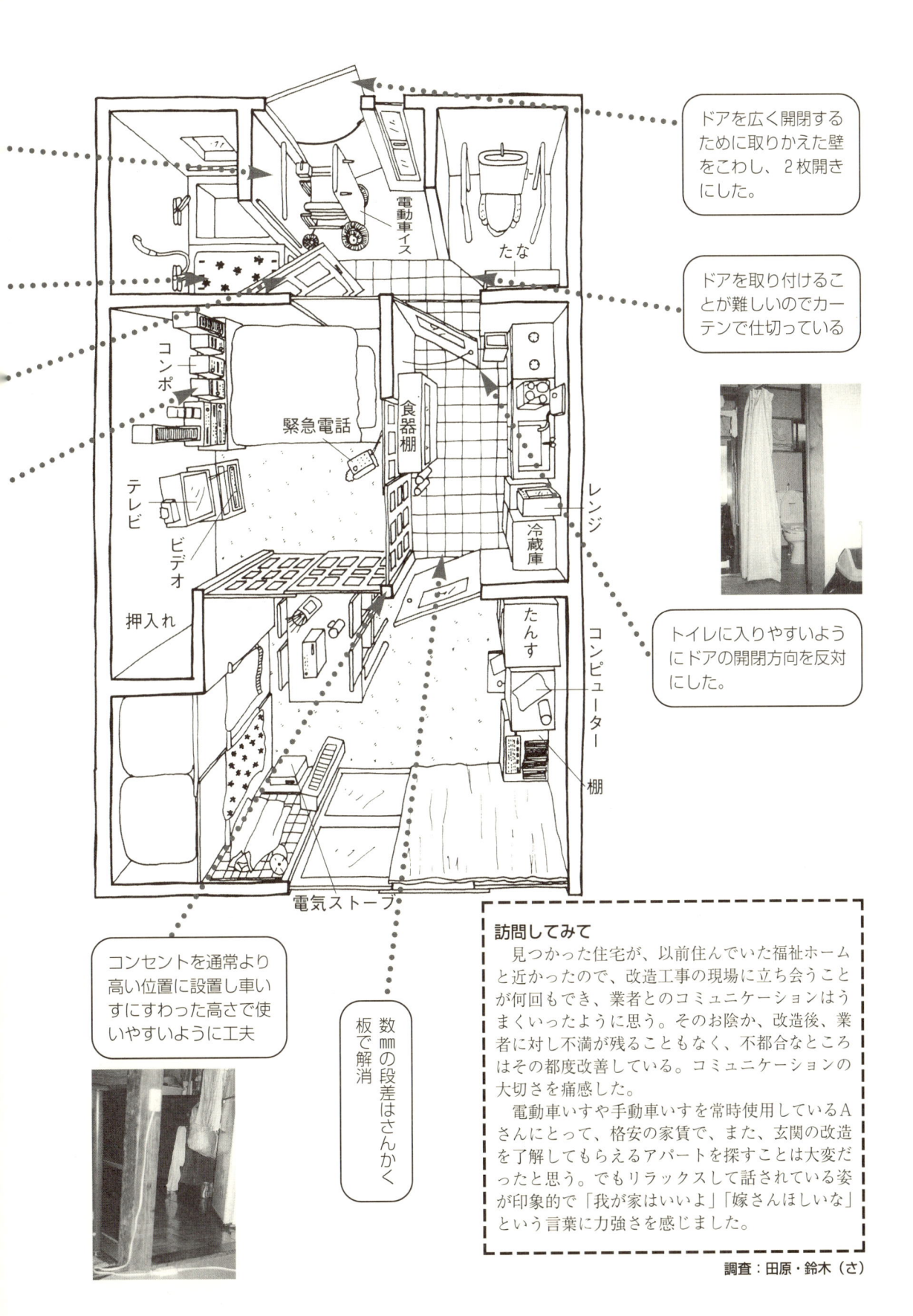

ドアを広く開閉するために取りかえた壁をこわし、2枚開きにした。

ドアを取り付けることが難しいのでカーテンで仕切っている

トイレに入りやすいようにドアの開閉方向を反対にした。

電動車イス
たな
コンポ
緊急電話
食器棚
テレビ
ビデオ
冷蔵庫
押入れ
レンジ
たんす
コンピューター
棚
電気ストーブ

数mmの段差はさんかく板で解消

コンセントを通常より高い位置に設置し車いすにすわった高さで使いやすいように工夫

訪問してみて

　見つかった住宅が、以前住んでいた福祉ホームと近かったので、改造工事の現場に立ち会うことが何回もでき、業者とのコミュニケーションはうまくいったように思う。そのお陰か、改造後、業者に対し不満が残ることもなく、不都合なところはその都度改善している。コミュニケーションの大切さを痛感した。
　電動車いすや手動車いすを常時使用しているAさんにとって、格安の家賃で、また、玄関の改造を了解してもらえるアパートを探すことは大変だったと思う。でもリラックスして話されている姿が印象的で「我が家はいいよ」「嫁さんほしいな」という言葉に力強さを感じました。

調査：田原・鈴木（さ）

D.T.さん宅

車いすを使っている友人が来られるように考えて改造「あとは所帯を持ちたい！」

■ プロフィール

　脳性まひによるハンディを持ったDさんは、家の近くにできたデイサービスに通うようになってから、生活が変わりました。それまでは在宅中心の生活で、俳句の世界を極め、自宅でお弟子さんに指導することをしていましたが、デイサービスで福祉を学ぶ学生ヴォランティアさんと出会い、同じ障害を持つ人たちの暮らし方などたくさんの情報を得たことで、もっと外へ出たいと思うようになりました。しかし、自宅から外へ出るためには、家族の介助が必要で（家族は快く手伝ってくれたが）、もっと自由に、気兼ねなく生活をしたいと希望しました。

　電動車いすを入手した後、自立生活体験室、身体障害者福祉ホームを経て、現在、地域のアパートを改造して自立生活をしています。俳句の指導の傍ら小規模作業所へも通っています。

暮らしの状況

暮らし：ひとり暮らし
　　　　小規模作業所通所
障　害：脳性マヒ
　　　　1級
ＡＤＬ：自　立－食事、更衣、整容、排
　　　　　　　　泄、移動、外出
　　　　半介助－入浴
介　助：ヴォランティア
　　　　内容－食事作り・入浴介助・掃
　　　　　　　除など
移　動：屋内　ひざ歩き
　　　　屋外　電動車いす

■ 改造のエピソード

　アパートを見つけることも、リフォームも友人に大工さんがいたので、とてもスムーズにいった。アパートは1ヶ月位で見つかり、改造することについても、不動産屋さん、大家さんからスンナリOKがとれた。木のかおりを大切にする人でしたから、風呂、トイレ、フローリングにと木材をふんだんに使用している。

　友人の大工さんは、Dさんは上り框のところで車いすからおりると思って設計したが、車いすにのっている友人が部屋の中まであがれるようにすることを第1に考え、スロープをつけている。

改造後の生活

　改造は、生活していく上での不可欠なものだった。外出するもしないも自由に動けるし、遊びに行くのも自由。精神的に楽になった。家族の介助は、やはり気がひけた。私の場合、弟のお嫁さんが介助者で、とてもよくしてくれていたけれども、やはり、手伝ってもらうのは、気を使う。

　今回、リフォーム助成制度を利用したが、申請から許可が下りるまでの期間が長く、2ヶ月分の家賃を捨てたようなもの……。もう少し早い対応を願っている。

　それから、今回は1ヶ月でアパートが見つかったが、これは運がよかっただけ。だから、次が心配。不動産屋さんや大家さんが、障害を持つ人へ住宅を貸したり改造することに、もっと理解してくれたらいいと思う。

　今、生活が落ち着いてきて、所帯を持ちたい。奥さんがほしいなあと思っている。

玄関前の階段部をスロープに

ここがお気に入り

・木のかおりがする家になったこと。
・ひざ歩きで部屋の中から庭側へ自由に出られるように板を張った。
・洗たく機をうめ込みにしたので、乾燥機へも手が届き、自分で使えるようになった。

庭側へ自由に出られる

・3畳の間をフローリングをし、冷蔵庫などを置けるようにした。車いすの人が4人くらい入れるスペースができた。

改造前図

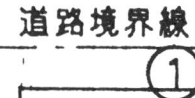

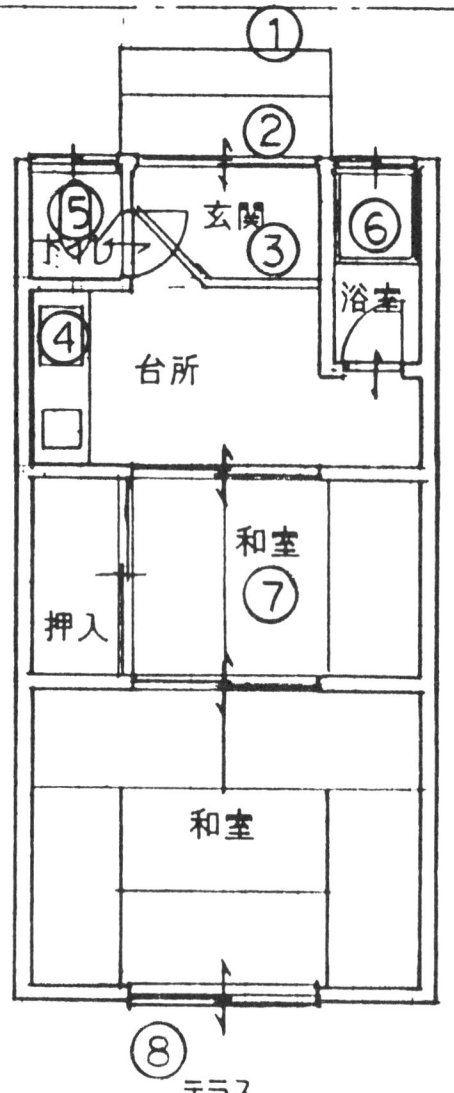

電動車いすで出入りのため、木でスロープをつくる。半月後すべり止めを貼る。段差が大きくスロープの長さを確保するため玄関の上りカマチを変形にした。

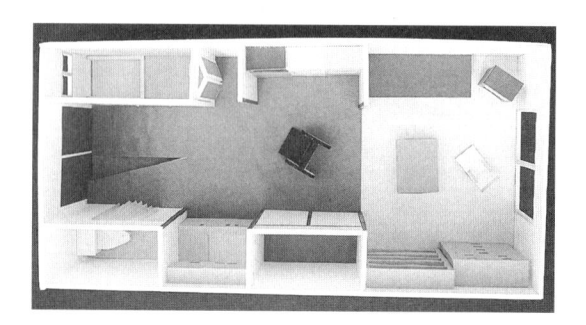

改造のポイント

- 介助者が介助者やすいように
- できるだけ自分でできるように工夫したい
1. 階段部を電動車いすで出入りできるように（H300ミリ）
2. 玄関扉をスムーズに操作できるように
3. 370ミリの玄関框（かまち）を車いすで出入りできるように
4. 水栓の操作をしやすいように
5. トイレを膝立ちで使えるように
6. 浴室・浴槽への出入りができるように・シャワーをつかえるように
7. 車いすでも移動できるように
8. 洗濯ができるよう
   洗濯機・乾燥機の使い勝手

改造費用：助成利用99万円

- そのまま使用、替えていない
- 手すりつけた
- テラスと部屋の高さと同じにしてスノコを敷き、出入りを楽にした。自分で洗濯機、乾燥機を使えるので一番おきにいりの改造場所です。洗濯機はスノコに埋め込み洗濯機の高さをおさえた。（ヒサシ付）
- 浴室内と出入口の段差をなくすためスノコを敷いた。折戸にする。
- 段差あり
- 玄関に車いすにのる時の手摺を取付したが後に車いす置き場が変わり柱へ取手を付けた。

間取り図のラベル:
- 窓 急なスロープ
- 風呂
- 冷蔵庫 / レンジ / 食器棚
- プリンター / コンピューター
- テレビ
- すい飯器 / お茶 / ポット
- ファックス&デンワ
- フローリング
- 上りカマチ
- 折りたたんだ車いす
- 畳の上にじゅうたん
- くつを置くスペース
- 机
- ふとん
- テラス
- トイレ
- キッチン
- 押入れ
- 本棚
- 洋服ケース

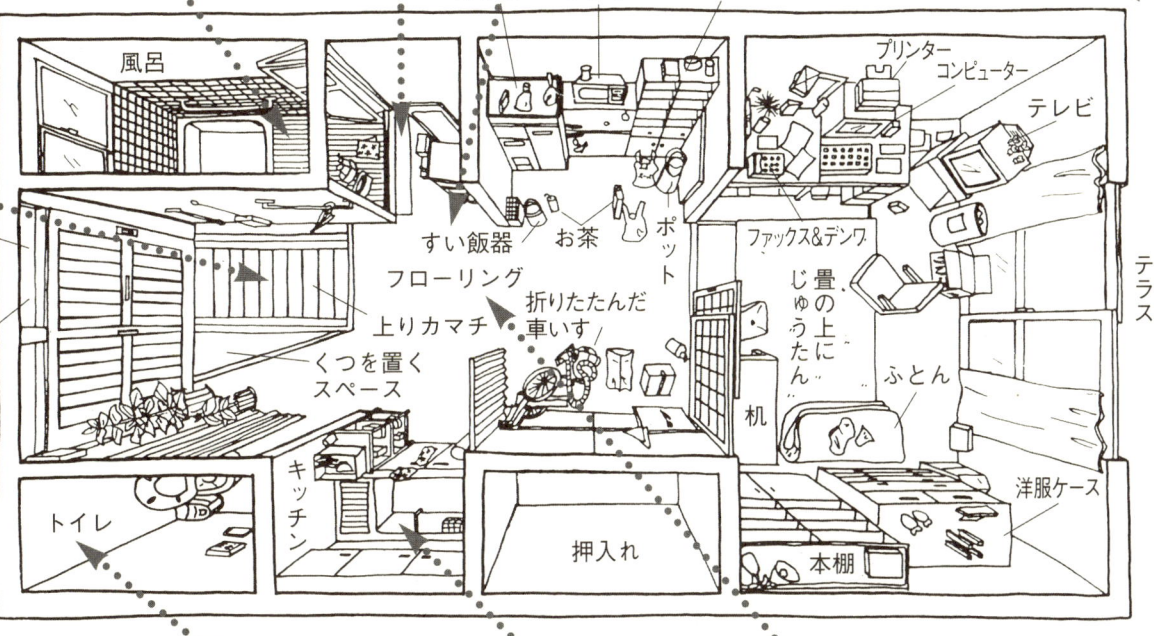

- トイレの出入をジャバラのカーテンにした。手すり取付、便器を洋式にし、広くした。
- トイレを広くしたためキッチンは狭くなる。蛇口はレバーハンドル
- 畳間をフローリング貼とした。車いすの友人が来た時4人ぐらい入れる。

訪問してみてひとこと

と〜っても大きい木製のりっぱな表札に驚きつつ、インターホンを押しました。玄関の引き戸をあけ、顔を見せてくれたのは表札のイメージとは違って、小柄で温厚そうなDさんでした。ひざ立ちで移動されるのでポットや炊飯器やワープロなどの自分で使う物は使用しやすい低い位置に配置されていて、介助者に依頼する物は比較的高い位置に配置され、メリハリのある、生活感あふれるお部屋でした。車いすの友達も呼びたいので一部屋フローリングにしたお話や、今の住まいは知人の情報をきっかけに見つけたとか、リフォームも別の知人に依頼したというお話で、人とのつきあいをとても大切にされている様子がうかがえました。玄関の表札も知り合いの方の手作りだそうです。地域での生活は、リフォームや道具の工夫ももちろんですが、人とのつながりも大切だと実感しました。

調査：大谷・鈴木（里）

H.Y.さん宅
床とトイレ お父さんの手作りで住みやすく

プロフィール

　古い教会を借りて始まった障害者の働く場所・わだち作業所時代、その中の一部屋を借り、ビール箱の上に畳を敷いた、男のひとり暮らしでした。ご両親もずいぶん心配されました。介助のヴォランティアを探しに、短大や看護学校へ出かけ、母親がしていた家事を手伝ってくれる人を求めました。半年後福祉ホームができ、第一期の入居者となりました。

　4年後、職場の近くにアパートが見つかり、仕事を終え、自分の家へ帰るという「通勤生活」を楽しんでいます。

暮らしの状況
　暮らし：ひとり暮らし
　　　　　重度身体障害者授産所通所
　障　害：脳性マヒ
　　　　　1級
　ＡＤＬ：自立－食事、排泄、入浴、更衣、
　　　　　整容、移動、外出など
　介　助：自立支援事業介助者派遣利用
　　　　　内容－家事援助
　移　動：屋内　ひざ歩き
　　　　　屋外　電動車いす

アパートを見つけるまで

　8年前に車いすを使用している障害者が部屋を借りるのは大変でした。不動産屋を30軒ほどあたり、条件の合ったところが見つかっても、大家さんがだめというところがネックでした。車いすでぶつけて傷つけるとか、火の始末ができないからと…。見つけるまでに半年かかりました。希望のエリアに新築中のマンションがあることを知り、母親と共に下見に行き、不動産屋さんと話がつきました。大家さんの言う「釘1本も打たない」ことを条件として借りることができました。

改造のエピソード

　手すりがあれば立ち上がれるのであちこちに手すりをつけた。が、室内にネジや釘の使用はしてほしくない、壁などさわってほしくないと言う大家さんの条件で、トイレの壁全体に、ベニヤ板を張り、手すりをつけた。

　部屋の中の段差は、玄関から居室の入り口までに15センチあった。

電動車いすで玄関から居室まで行けるように、長いスロープ状にした。玄関近くのトイレへ行くときはひざ歩きをするので、このスロープの床を柔らかくするようたたみを敷き、さらにじゅうたんをしいた。

このアイデアは、自分で考えたもので、フローリングの居室も同様にした。

材料は実家の町内に材木屋さんとたたみ屋さんが知りあいでいたので、安く分けてもらった。

これらの改造は、父親が仕事の合い間にしたもので、2〜3ヶ月かかった。

改造後の生活

実家より動きやすいので、外出や行動が自由になった。近所の人との会話や友達が来やすくなった。

自分の家を、これから自立生活を目指している人や建築を学んでいる人にも積極的に公開し、参考にしてもらっている。

ここがお気に入り

ひざ歩きする自分の動きを考え、板やたたみでかさ上げし、じゅうたんを敷いてリフォームした部屋。友人が来て、あったかいと言ってくれる。自分のアイデアでうまくいったとつくづく思う。

玄関トビラの内側上部についているドアクローザーをはずし、トビラをいっぱいに開いて家の中に入るようにした

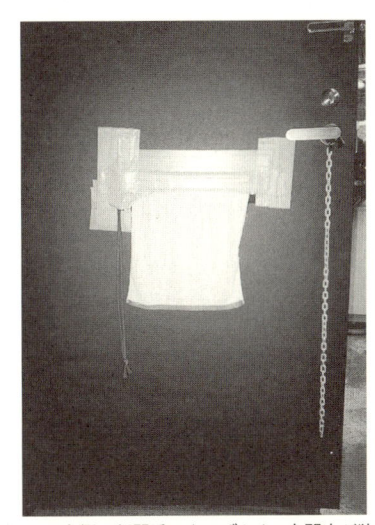

玄関トビラの内側の新聞受けをはずした。玄関内が狭いので、トビラを閉めるためのくさりを引く時、電動車いすが新聞受けにあたるので

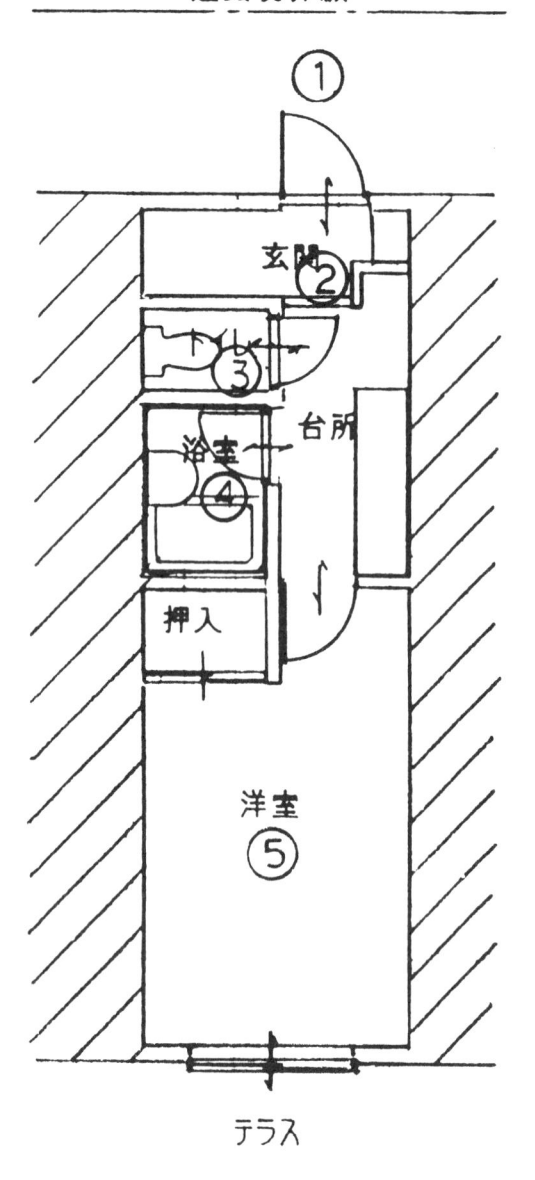

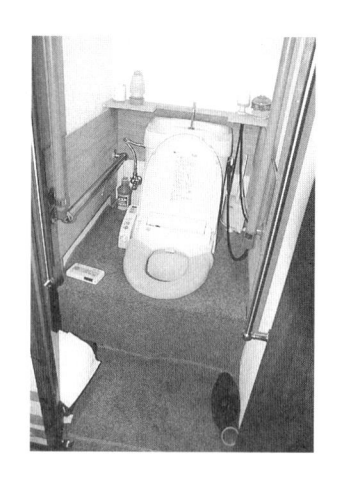

◎ トイレ
既存の壁をさわらず二重に壁をつくり、その壁に手すり等の設置

◎ 洗面等の水栓
市販のレバーハンドルに取替えた。

洗い場のスノコがズレないように台の下に石を置いてある

改造は実父にしてもらった。

改造のポイント

- できるだけ自分でできるように工夫したい
- 介助者が介助しやすいようにしたい

1. 電動車いすで出入りできるよう段差と扉の工夫
2. 電動車いすで移動できるよう框段差解消
3. トイレを使用できるように
4. 入浴できるように
5. 居住室として使用できるように

改造費用：自己資金約25万円

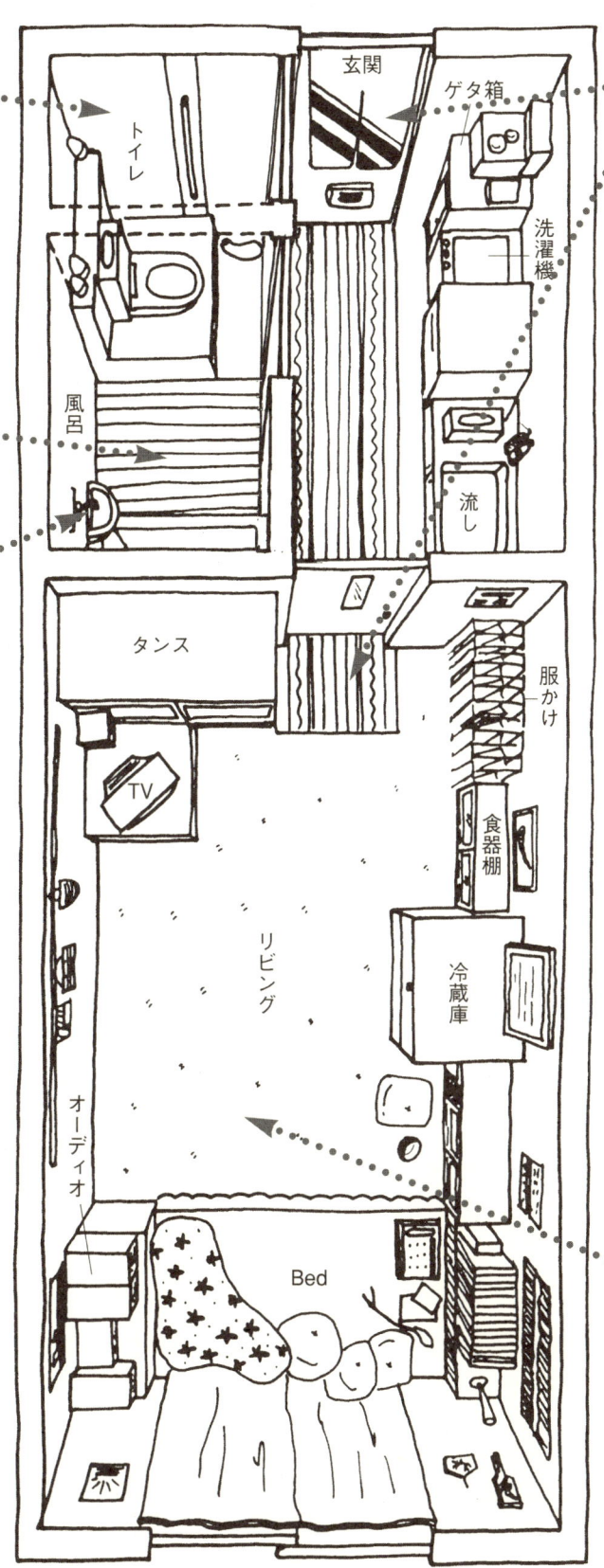

間取り図ラベル：
- 玄関
- ゲタ箱
- トイレ
- 洗濯機
- 風呂
- 流し
- タンス
- 服かけ
- TV
- 食器棚
- 冷蔵庫
- リビング
- オーディオ
- Bed

◎玄関
外部　スロープ設置
内部　床ジュータンをしいて足への負担を減らしている。居間へ入る所は下へ物を入れて調整してスロープとしてある。
廊下と居間の段差は実に150㎜あった。

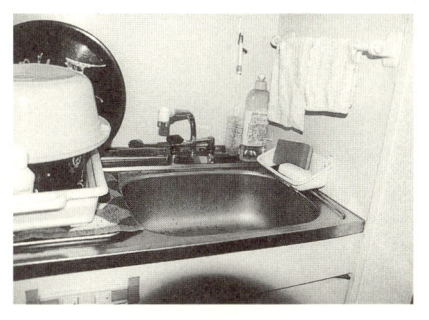

フローリングだったがひざ歩きのため板ーすのこーたたみーじゅうたんでかさ上げした。

訪問してみて
障害の特徴や体の動きを十分知った上で、お父さんの工夫がたくさんされた家でした。

調査：山口

A.H.さん宅
リフォーム2代の部屋に住んで

プロフィール

　瑞穂区に住むAさんは、脳性マヒによる障害を持ち、外では電動車いすを使い、屋内ではどんび座位で生活されています。自分に合う仕事を作業所でしながら、自分らしい生活を手に入れました。

　以前は施設で生活していて、本当の気持ちを心の中に抑え、施設の規則の中での暮らしに合わせていました。しかし、自分より障害の重い人が自立生活を目指して施設を出て行ったことをきっかけに、一生、介助や食事の心配のない療護施設から飛び出し、食事や介助の手配を自分でしていく地域での自立生活を選びました。念願の自立生活をはじめた頃は、夜おそくひとりで近所のコンビニへ行くことがとてもうれしかったそうです。(今はもういつでもできるので、わざわざ深夜に出かけないそうですが)。

　そんなAさんの見つけた新居は、以前ホームの先輩入居者が改造して生活していたところでした。

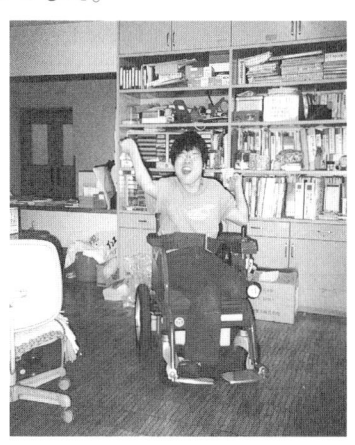

暮らしの状況
- 暮らし：ひとり暮らし
- 障　害：脳性マヒ
　　　　　1級
- ＡＤＬ：自　立－起居、外出
　　　　　半介助－食事、整容、排泄
　　　　　介　助－入浴、更衣
- 介　助：ホームヘルパー制度利用
　　　　　内容－家事、食事作り、入浴
- 移　動：屋内－ひざ歩き
　　　　　屋外－電動車いす

改造のエピソード

　自分とよく似た障害の人が引っ越しをすることになり、自分も家を探していたので、そのアパートに決めました。改造されたところはそのまま利用し、自分に合うように改造を加えました。

　再改造が必要になり依頼したら、業者に

「修復するのは責任取らないよ」と言われた。そんなことはほっといてくれー！と思いました。

ヴォランティアさんによる工夫

- DKのカーテンレール設置
  入浴時の着替え用
- 動く台設置
  洗面台前に置いてその上に上がり、膝立ちになって洗面

DKのカーテンレール

キャスター付の台を設置

改造後の生活

施設や自宅にいた頃は、自分には重度の障害があるから、今のような地域で暮らす生活はできないと思っていた。でも、今は、自分流にできることがたくさんあることが

わかり、精神的にとても楽になった。

改造してみたものの、台が高すぎて上がれなかったり、何とか上がれても、1日何回も使うには大変だったり、介助者の負担が多くなったりと、暮らしてみてからわかったこともありました。トイレに座った状態のことだけ考えていて、室内のとんび座りからトイレの高さまでの乗り移る方法を考えに入れてなかった。今は、頑張ればできるが、いつまでも続けられないため踏み台を作った。

浴槽に入る際、介助しやすいようにすのこの下にアルミ製の足台を作り浴室の床を高くしたが、その台に上がれず、アルミの足台を外してもらった（写真下）。

生活動作の動線を自分が把握し、打ち合わせを綿密に行ったり、実際にどの位の高さが使いよいかの検討を重ねることでこのようなことは少なくなるかもしれません。

Aさんのアンケートから

障害者住宅整備貸付制度を使用しましたがあと50万円くらいはほしい！　訪問調査に来た人で改造のことなどよくわかっていない人もいます。しっかり勉強してください。

改造前はどのような状態がよいのかなどわからないことだらけでしたが、改造し実際に住むと自分の空間を持ち、自由な生活を送ることができます。やってみる価値はあります。

　家の改造（もしくは新築）は使用する人が決まっており、その人にとって一番よいものを作っていくものですが、マンションや公共施設（福祉施設含む）を作る場合には不特定の人を対象として作っていかなければなりません。それに対してどこまで対応していったらいいのかむずかしいところがあると思います。すべての人に使いやすいものをと考えるとコストがかかりすぎるので、使用していくに従い出てくる問題に対して臨機応変に対応できるように味付け（手すりをつけられるよう下地材を考慮しておくなど）をしておいたらいいのかなと思っています。

ここがお気に入り

　玄関のリモコン式オートクローザー
　狭い玄関に電動車いすで入り、扉の開閉するためには、リモコン操作できるようにする必要があった。このオートクロザーは、手の不自由な人や、狭い玄関のアパートには必須アイテム。

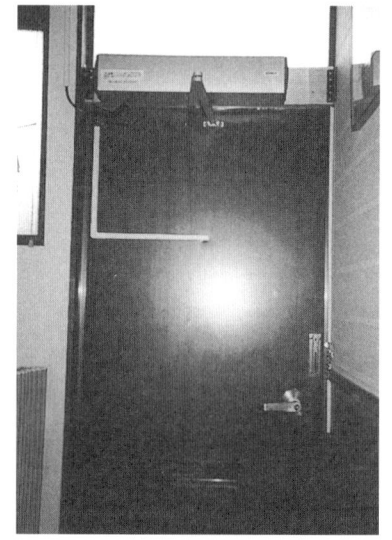

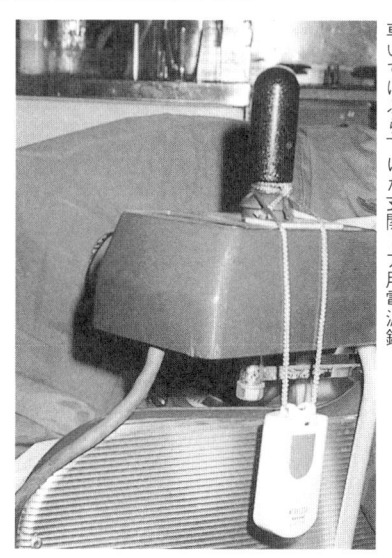

車いすにぶら下げた玄関ドア用電波錠

★はじめのリフォーム★

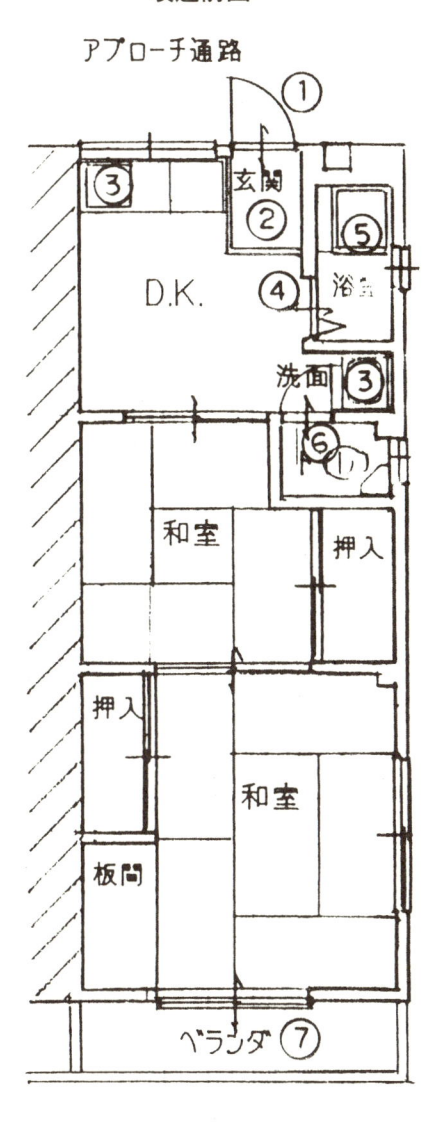

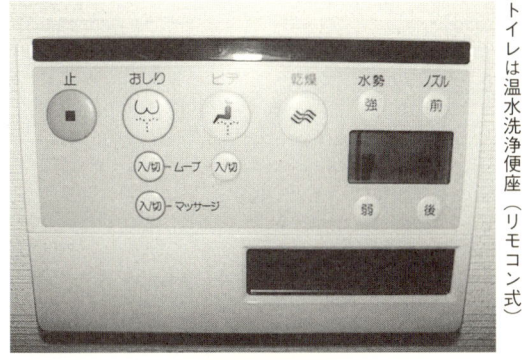

改造前図

アプローチ通路

（間取り図：玄関①②、浴室⑤、④、D.K.、洗面③、⑥、和室、押入、板間、ベランダ⑦）

トイレは温水洗浄便座（リモコン式）

浴室の水栓

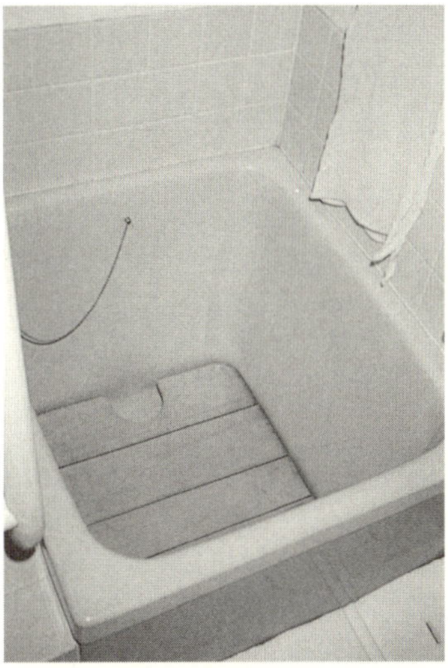

バスタブの中に踏み台を設けた

改造のポイント1

★前居住者の改造をそのまま利用しているもの

[1] 玄関のドア・取っ手
[3] 洗面台の混合水栓（シングルレバー）
[5] 浴槽内の踏み台

浴室内の手すり
浴室内の水栓（温度調節付シングルレバー）
[6] トイレの洗浄と水洗をリモコン式
[7] ベランダの木製縁台

★2回目のリフォーム★

改造前図

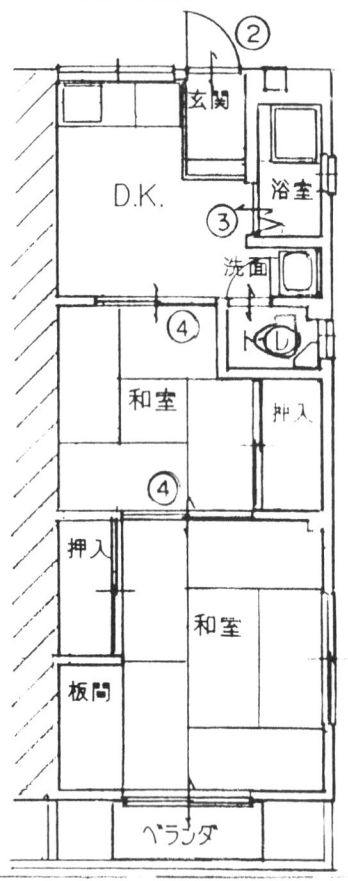

ボランティアさんに取付けてもらった。脱衣目隠用カーテン

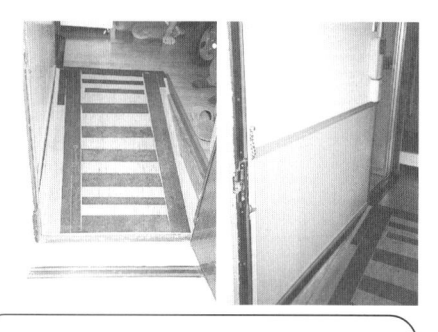

前の改造で広げた玄関に木製のスロープを造り、腰壁も板で保護して電動車いすでD.K.まで上ってから車いすから降りている。

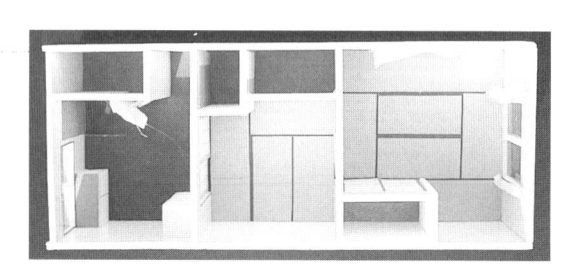

座っての移動のため引違い建具の敷居にVレールを埋込んで軽く開閉ができるようにした。

改造のポイント2

★はじめの改造に加えて
・できるだけ自分でできるように工夫したい
・介助者が介助しやすいようにしたい

1 道路と敷地の段差を電動車いすで出入りできるように
2 車いすで出入りできるよう、玄関扉・玄関段差・D.K.床を
3 座って移動し、使用できるよう洗面・トイレ・浴室を
4 座って出入りできるよう建具を

改装費用：助成利用83万円
　　　　　日常生活用具給付22万円
〈前の人の改造費用56万円〉

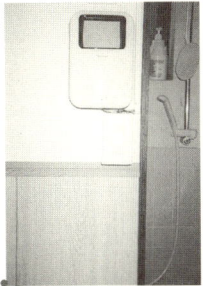

注目！
お気にいりのオートマチックドアオペレーター装置をとりつけた玄関扉
車いすに取付けた電波錠で開錠し、自動的に扉が開いて出入りができ、自動で閉まるのだ。ドアホンが鳴った時は、外が確認できるインターホンで視て、壁に取付けた大型のスイッチで扉を開けて友達を迎え入れることができる。

前の改造で取付けた手摺と浴槽内のスノコ敷はそのまま使用しているが、移動のための洗場に敷いたスノコ板は、高くて上がることができず取り外してしまった。

注目！
とんび座位での洋便器は使えないので便器高にあわせて床をかさ上げして、和式で使用しているが、上り降りに負担がかかるため、移動式の踏み台を造り補助することにした。
更にその台を、洗面する時にひざ立ちで使用できる。
移動式としたのはトイレの扉が外に開くため。
負担になるが、トイレの扉はなくてはいけない。

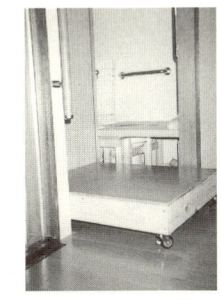

生活を楽しむパソコンと、インコ4羽はここにおいている。

前の改造で造った洗濯用ベランダは自分で洗濯をしないので、使用していない。

訪問してみて
訪問したときはヴォランティアさんが掃除をしている最中で、関係が非常に良さそうな感じだった。趣味の本がたくさんあり、生活を楽しんでる感じが伝わってきた。
ヴォランティアさんの来る予定が書きこまれた表があったり、掃除をされてるヴォランティアさんもとても明るくさわやかで、いい関係を築いているんだなーと思った。改造は自分の能力を100％使ってできるようにしても、常にそうすることが大変な場合は80％程度の力で簡単に長く続けるようにしておいた方がよいのだなあと思った。
また、浴室につけられていた台は使いにくい（高さが合わない）ということで外されていた。使用者に合わせて臨機応変に改造できることや柔軟に対応できる体制が必要だと思った。

調査：高山・満井

87

O.Y.さん宅
車いす使用者用の部屋を作ったアパートの大家さん

プロフィール

日常生活全般にわたって介助を必要とする脳性マヒの障害のあるOさんは、長い間、障害者運動の一員として活動してきた人です。

いつかは地域で当たり前の生活をすることを目標に掲げ、一歩一歩進んできましたが、いざひとりで生活をスタートしようと思った時、さまざまな問題にぶつかりました。地域には、車いすを使用する人がひとりで生活できるような住宅は供給されていないのが現状でした。それならば、自分が障害を持った人に供給できるアパートを造ろうと決意。もともとあったアパートの一階部分を、自室と障害のある人に供給できる2部屋に改造しました。平成4年から設計計画をはじめ、現在、2人の店子(たなこ)を持つ大家さんです。

「自分が夢見ていた生活は実現できたので、これからは、他の障害を持った人たちのためになる活動をしていきたい」と今後の生き方を語って下さいました。

暮らしの状況

暮らし：ひとり暮らし
　　　　重度身体障害者授産所通所
障　害：脳性まひ
　　　　1級
ＡＤＬ：全介助―起居、整容、更衣、食事
　　　　　　　　排せつ、入浴、移乗
介　助：自立支援事業利用
　　　　内容―食事、入浴、トイレ、家事（食事作り、洗濯、掃除など）
移　動：屋内―電動車いす
　　　　屋外―電動車いす

改造のポイント

・介助者が介助しやすいようにしたい
・数年先の自分の生活を想像して、自宅や地域での生活が長く続けられるよう工夫したい
・自らの使い勝手と介助のしやすさを念頭に置いてトイレ、風呂場、キッチンを作成したい

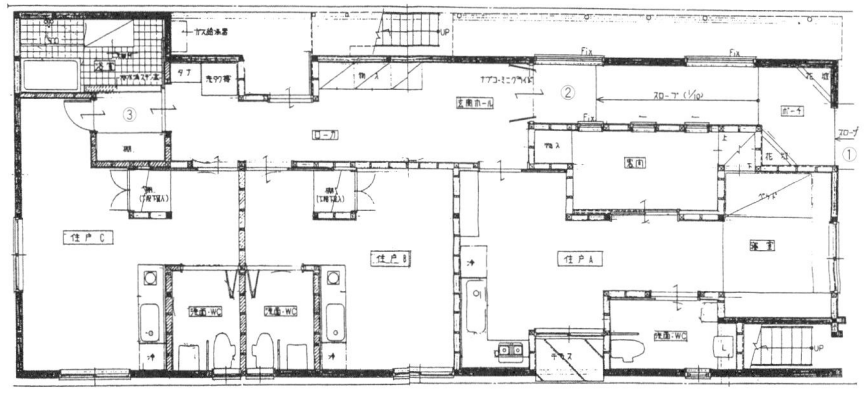

①玄関
・アパートの入り口部分に電動ルーフをとりつけた（雨天時の車移乗対策）

②扉
・手が不自由で扉を開けられないことを考慮し、アパートの入り口部分をセンサー付きの自動ドアにした

③浴室
・車いすから洗い場へ乗り移りやすいように
・介助者が介助しやすいように

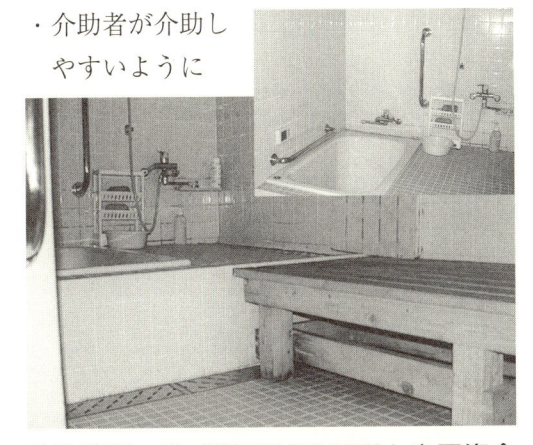

改造費用：助成利用100万円と自己資金
　　　　　障害者住宅整備貸付300万円

改造のエピソード

建築士の人が特に障害者住宅に詳しい人ではなかったので、知人の家を一緒に見に行ったりして、打ち合わせに6ヶ月という期間を費やした。

障害があるといろいろな電化製品を使うことが多い。Oさんも例外でなく当初30アンペアの電力ではブレーカーが上がってしまうことが何度かあったため、40アンペアにあげた。

アパートの出入り口部分は、直線にしたかったが、柱を抜けなかったため、実現できなかった。

女性の入居者から、洗濯物干し場がないといわれ急遽作成したこともある。

改造後の生活

25年前から、いつか親元を離れて地域での生活をしたいと目標にしてきたので、できると信じていた。今は目標を達成して家族の介入も少なくなり、自分で生活しているという満足感とともに、精神的にも楽になった。

自分の生活を快適にすることを考えて作ってもらった特注の棚、パソコンの台や回転式のTV台、電動ブラインドなど、心地よい空間をつくることができた。

実際に暮らし始めてから、介助しやすいように浴室と自室のトイレにリフトをつけた。

訪問してみて

日常生活のほとんどが全面介助で、言語障害もあるOさんであるが、料理をするヘルパーさんには細かい指示を出して自分の味を楽しんだり、自分の居住空間のあり方にもかなりこだわりを持ち、それを大切にしている人だと感じました。

調査：田原・鈴木（さ）

車いす使用者用ルーム紹介

ワンルームの部屋に、かなり広めのトイレと、車いすを使いながら料理のできるキッチンが備わっている。風呂、洗濯場は共同。「ここにいたかったらずっといればいいし、次の場所探しまでの中継点であってもいい。いろいろな人たちが自由を手に入れる手伝いができれば……。」と大家さんであるOさんは言う。

この部屋の女性の暮らしぶりを紹介します。

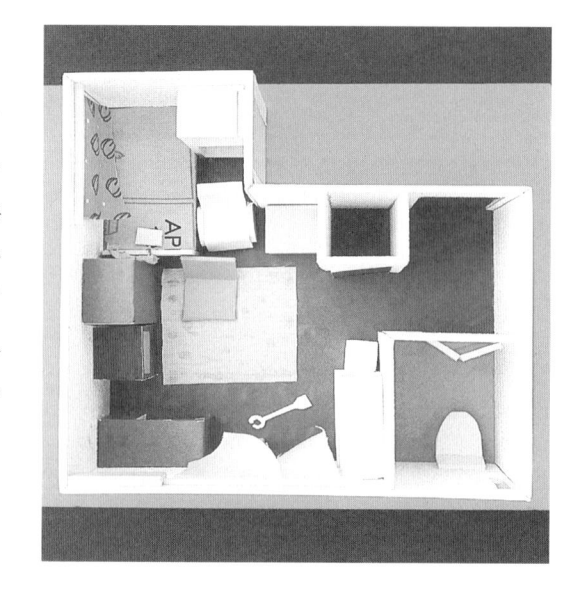

部屋の平面図

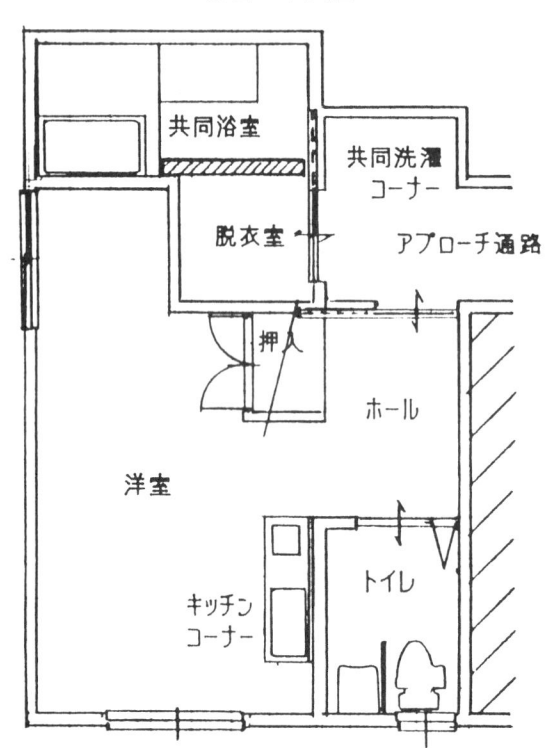

共同浴室
共同洗濯コーナー
脱衣室
アプローチ通路
押入
ホール
洋室
キッチンコーナー
トイレ

ハンガーにかかった洋服
（ヴォランティアさんにかけてもらう）

マジックハンド
すわっている側にいつもおいておくととても便利

生活面のポイント

バリアフリーの住宅なので、家具や道具を用意しただけで、生活が可能だった。

できるだけ自分の時間を楽しむことを大事に暮らしています。

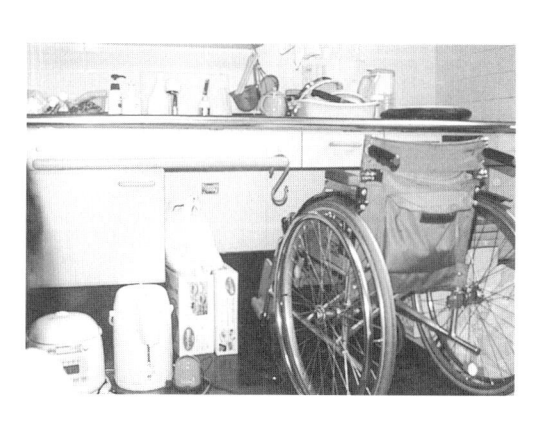

室内見取り図と注記：

- 軽々と開閉できる引き戸
- もう少し収納スペースが多くあるといい。
- ホットカーペットの上にいつもいる。
- 入口
- コンセントが少ない。

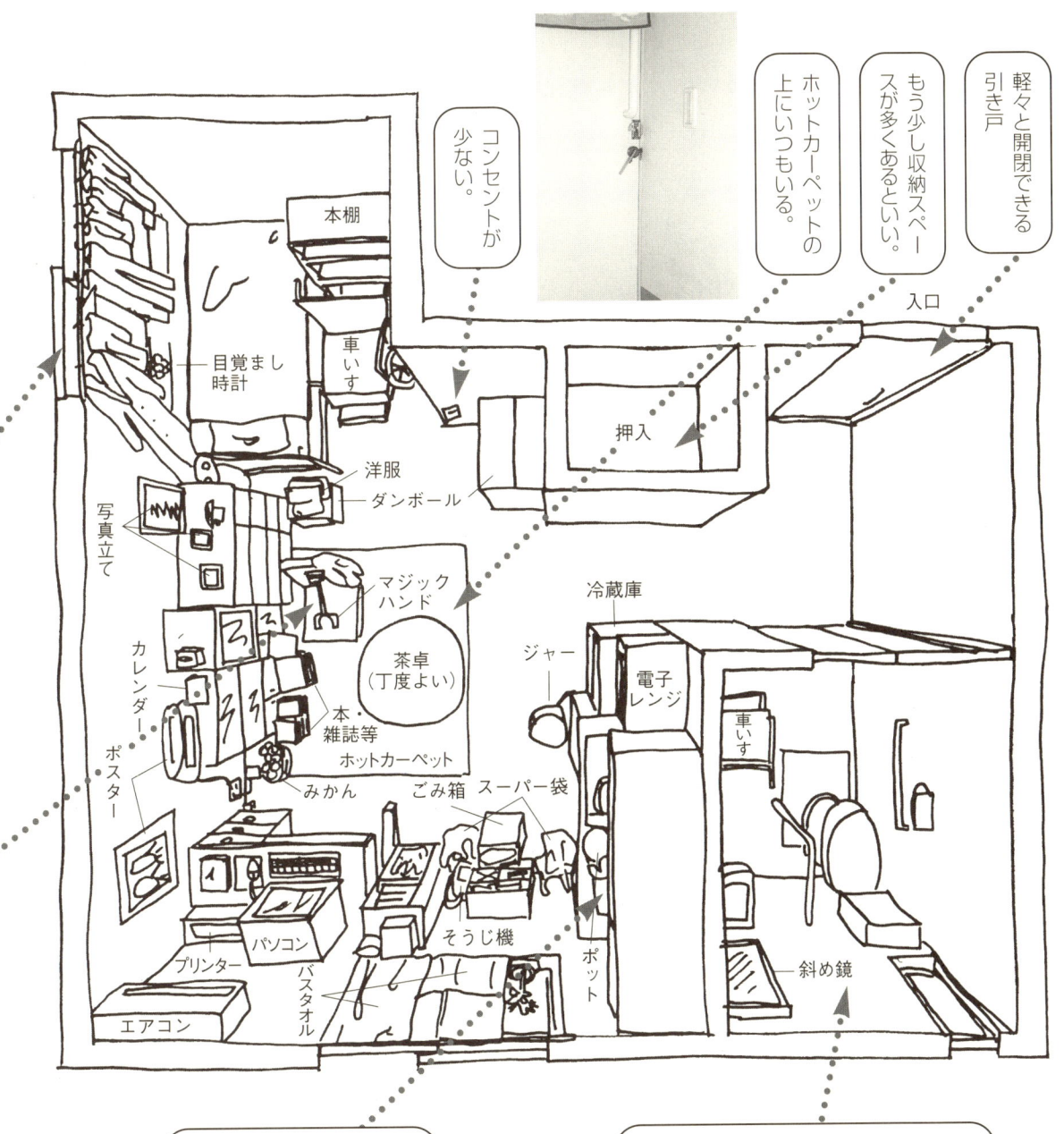

図中ラベル：
- 本棚
- 車いす
- 目覚まし時計
- 押入
- 洋服ダンボール
- 写真立て
- マジックハンド
- 茶卓（丁度よい）
- カレンダー
- 本・雑誌等
- ポスター
- ホットカーペット
- みかん
- ごみ箱
- スーパー袋
- 冷蔵庫
- ジャー
- 電子レンジ
- 車いす
- そうじ機
- パソコン
- プリンター
- バスタオル
- エアコン
- ポット
- 斜め鏡

下部注記：
- レンジフードのスイッチが手の届くところにある。
- 広すぎるくらいのトイレ　電動車いすの収納場所にもなっている。

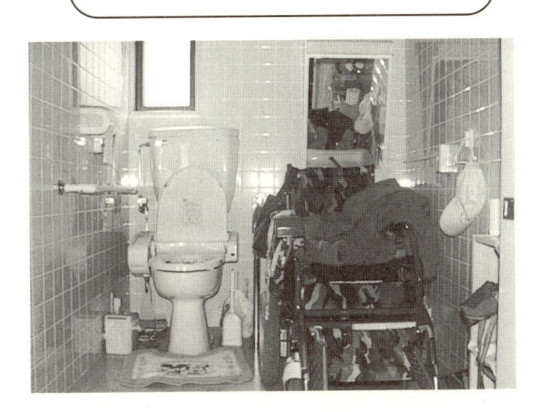

住宅部位別の改造事例

施設や親元を離れて、一般に普及しているマンションやアパートで障害のある人が自立生活をしようとする場合、自分の障害や生活の状況に合うように住宅を改造することが、自立生活のために必須である。すでに自立生活している障害のある人の住まいを見ると、改造を要する場所は、およそ決まっていることが分かる。それらの場所を、障害の状況に応じて、工夫して改造している。ここでは、その主要な場所・場面別に、改造の工夫事例を紹介する。

編集　高阪謙次
　　　加藤幸雄
　　　納戸道子
　　　井上義英

(1) アクセス・アプローチ

　まず、道路から住宅の入口部分までの通路、アクセスとかアプローチと言われている部分が問題である。戸建にせよアパート・マンションにせよ、住宅に入ろうとするとき、道路にある溝や、通路の途中のちょっとした段差や凹凸が、少なからずあるものだ。そのようなちょっとしたものでも、車いす利用者などにとっては大きな障害となる。しかもこのスペースは、自分専用の場所として使えるものではなく、多くの場合、ほかの入居者との共用になっている。改造には、その共同利用者の了解がいる。障害のある人にとって使いやすい改造は、多くの場合、健常者にとっても便利になることが多いのだが、時にはそうでもないこともあるので、了解は是非とっておきたい。

　そして、こうしたアクセス・アプローチの次には、玄関扉を開ける、という難儀な行為が待っている。そのために、どうすれば円滑にこの動作ができるようになるか、というところを自立生活者たちは苦労・工夫している。また、今回調査では見られなかったが、自動車が運転できる方にとっては、駐車場からのアプローチの工夫は重要であり、緊急車両への対応も配慮しておきたい。

アプローチ通路に昇降機を設置する　　　　［M宅］

＊移動方法　内部／自走車いす　外部／電動車いす
＊住まい形態　木造1階建賃貸住宅に一人で住まう
＊改善目的　既設アプローチ階段・玄関土間を改修して、道路から居住室まで電動車いすで出入り可能にする
＊改善個所　［★効果・評価］
・道路L字側溝に鉄板スロープを敷き、埋込型電動段差解消機を設置し居住床まで上げる★電動車いすのままリモコン操作で一人で出入りできる
・既設3段を6段の階段に改修し手摺をつける
★手摺の補助により安心・安全
＊注意点
・ポーチを居住室床高まであげたため道路との高低差が1m以上になり不安感はあるが、自立生活にはかえがたい
・法律・借家契約等の規制はあるが、外部に昇降機等を設置する時は風雨から守るための庇・囲い等の配慮が必要。また昇降機を床に埋込む場合は雨水の処理に注意する。

改善前

改善後

共用通路の段差にスロープ板を置く　　　　　　　［Ｉ宅］

*移動方法　内外部／電動車いす
*住まい形態　７階建賃貸マンションの４階に一人で住まう
*改善目的　共用通路にある段差を電動車いすで移動できるようにする
*改善個所　[★効果・評価]
・段差部にボランティア製作の木製スロープ板を置く★電動車いすで負担なく移動
*注意点
・共用通路のため管理者の同意が必要であるが、多くの利用者の負担を軽くしている。
・簡易スロープ設置にあたり、勾配・取付方法に配慮する

通路部
玄関前部
アプローチ部

アプローチにある段差にミニスロープを敷く

*改善目的　道路の側溝や共用通路・玄関扉前の段差にミニスロープを置いて車いす等の出入りに支障ないようにする
*注意点
・ミニスロープの設置はいつでも取り外しが可能のため管理者の同意が得やすく、多くの人にとって安心して通行できる。
・スロープの材質は多々あるが、安全で壊れにくいものを選択する。
・スロープを設置する場合は前後に水平部分をとる事が安全に通行するため必要であるが改造では勾配を優先すると、確保できない時もある。支障はないか、事前に試して設置すること。

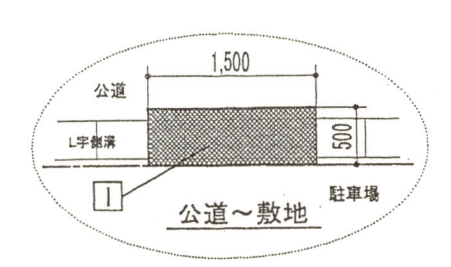

公道　1,500　500
L字側溝　駐車場
公道〜敷地

(2) 玄関の扉

　玄関の扉には、開戸か引き戸が付く。玄関扉は、マンションの場合、防火の関係で通常スチールなど重い素材で作られている。出入り口や玄関土間も多くの場合狭いために、玄関口で、この重いドアを引き開けての車いすの出入りは、とても大変な作業である。扉の改造は、マンションの場合、共用部の関係もあって容易ではない。しかし、自立生活者たちは、頑張ってここを乗り越えている。引き戸や引き違い戸は戸建形式に多く、この場合は玄関土間が比較的広く取られることが多いし、防火の関係もさほどやかましくない。だから、車いすでの出入りや、この部分の改造は、マンションに比べて少し容易なようである。しかし、障害をお持ちの多くの方は、玄関の出入りを、ヘルパーの介助なしに自分でできるような改善を望んでおられ、緊急時の対応を含め錠・扉の開閉は最も困難な課題となっている。

　トイレや浴槽にくらべ、遅れている扉メーカーの対応に期待する。

公営住宅の自閉式上吊片引鉄製扉を使いやすくする [F宅]

＊**移動方法**　内部／とんび座位移動　外部／電動車いす

＊**住まい形態**　高齢者対応の公営賃貸住宅の1階に一人で住まう

＊**改善目的**　電動車いすでスムーズに扉の開閉ができるよう、玄関で移乗できるよう改善する

＊**改善個所**　[★効果・評価]

・既設把手下に大型引手棒を取付★開閉の困難がなくなる。

・リモコン錠を取付ける★錠の開閉が車いすからリモコンで操作できる。

・油圧式タイムストッパー金具取付★安心して時間をかけて出入りできる。(時間調整可、最大40秒)

・玄関左右の壁に木製の手摺を設置★車いすからの移乗が安全にできる。

＊**注意点**

・退去時に入居時の状態に戻す事で改善の許可がでる。

・タイムストッパー金具は建付けが悪いと誤作動が起き易いので注意する。また、閉まるまで時間を要するので風雨を防ぐ配慮を必要とする。

・集合住宅の玄関扉は、防火上自閉(開いたら自然に閉まる)が義務づけられているので改造にあたり考慮すること。

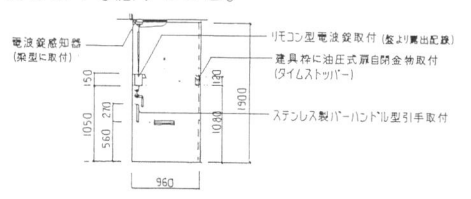

電動車いすでの出入りのため扉を取替え出入り巾を広げる［A宅］

＊**移動方法**　内部／伝歩行・とんび座位移動
　外部／電動車いす
＊**住まい形態**　2階建て賃貸アパートの1階に一人で住まう
＊**改善目的**　幅が狭くて電動車いすで出入りできない開扉を取替えて出入り可能にする
＊**改善個所**　　［★効果・評価］
・既設扉、壁を改修し、巾広の開扉に取替える
★スムーズに電動車いすで出入りできる
・リモコン操作の照明を取り付ける
★暗くなって帰っても安心・安全
＊**注意点**
・リモコン照明は、スイッチ型、明るさセンサー型、人センサー型等自動的に入り切りできて玄関照明には便利である。

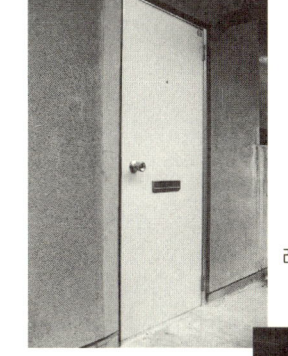

改善前

改善後

マンションの玄関開扉を電動車いすで出入りする［H宅］

＊**移動方法**　内部／キャスター椅子足動移動
外部／電動車いす足動操作
＊**住まい形態**　マンション1階を購入し、事前に使えない個所の変更を依頼して一人で住まう
＊**改善目的**　購入時に引戸に変更ができなかった開扉を、錠・扉の開閉が車いすに座ったまま一人で使えるように改善する
＊**改善個所**　　［★効果・評価］
・扉に電波錠・キイ連動のオートマチックドアオペレーターを取付ける★電動車いすに取付けたリモコンキイを押すだけで錠・扉が開閉できる
・開いて閉まるまで最大60秒で設定できる★車いすの操作に時間がかかっても大丈夫
・外開き用安全装置取付け★外に人・物がいても感知して動作が停止するので安全
・室内壁にも扉スイッチを取り付け★リモコンキイだけでなく開閉できる
＊**注意点**
・リモコンキイは電池のため、予備キイ・電池の準備をわすれずにすること。
・安全装置は内外用あるが、高価のため支障なければなくてもよい。また外の通路幅が狭く、安全に問題がある場合、モニター付のインタホンを設置し、外部の状況が確認できるようにした設置事例もある。

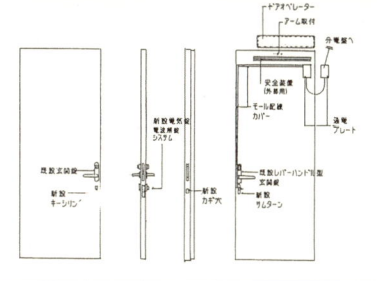

引違扉をリモコン操作の2枚片折自動扉に取替える [M宅]

***移動方法**　内部／自走車いす　外部／電動車いす
***住まい形態**　木造1階建賃貸住宅に一人で住まう
***改善目的**　既設玄関扉を改修して、電動車いすのまま自由に出入り可能にする
***改善個所**　[★効果・評価]
・引違扉をリモコン操作で施錠・開閉できる2枚片折自動扉に取替える★電動車いすのままリモコン操作で一人で出入りできる
・扉の位置を既設位置より玄関側へずらして設置する★雨の日でも屋根があり安心
・ポーチ・玄関床をノンスリップタイルで仕上げる★水に濡れても滑りにくい
***注意点**
・玄関扉の段差をなくしてレールを埋込にする場合、風雨の処理に注意する。
・有効開口巾を確保するには折れ戸は有効であるが、開き側の広さに注意すること。

改善前

改善後

引違扉をリモコン操作の3枚建片引自動扉に取替える [M宅]

***移動方法**　内部／伝い歩行　外部／電動三輪カー
***住まい形態**　木造1階建賃貸住宅にご夫婦で住まう
***改善目的**　既設玄関扉を改修して、電動三輪カーのまま出入り可能にする
***改善個所**　[★効果・評価]
・引違扉をリモコン操作で施錠・開閉できる3枚建片引自動扉に取替える★電動三輪カーのままリモコン操作で出入りでき、巾も広くて負担がない
・扉の位置を既設位置より玄関側へずらして設置する★雨の日でも屋根があり安心で、スロープ勾配も緩くなり電動三輪カーでの出入りが楽
・玄関上がりかまちに手すり取付け★上がり降りを助ける
***注意点**
・引違扉の自動はレール部にゴミが入ると故障の原因となるので注意すること。

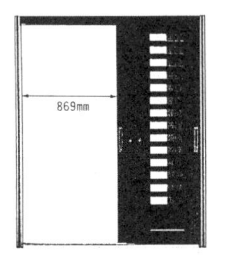

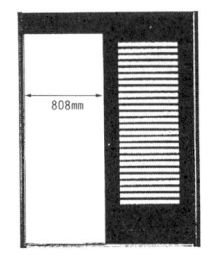

869mm　　808mm

三枚建・洋風タイプ　　二枚建・電動タイプ

〔参考有効開口巾〕

(3) 玄関・上框・廊下・移動スペース

　日本の住生活は、住戸内外で、上下足の履き替えがあるのが特徴である。従って、玄関には通常、上框（あがりがまち）が付けられ、玄関土間とホール・廊下床との間には45cm内外の段差がある。（共同住宅では15cm内外）車いす使用者はこの段差を乗り越えることができないので、段差解消をはかる必要がある。

　解消の方法は、ミニスロープ（「すり付け板」とも呼ばれる）によることが多い。玄関に限らず、ミニスロープは、小さな段差の解消に多用されている。調査をした中にも、室内唯一の改造がミニスロープであると言う人がいるほど、スロープは障害のある人が生活をする上で重要な部位である。

　スロープには勾配が重要な要素であるが、一般の玄関は狭いので、勾配を緩くするのに苦労する人が多い。上框は室内の段差の中で最も大きいのが玄関で段差を、玄関の外からスロープを造り始めて、なんとか上りやすい勾配を確保している人もいるほどである。

電動車いすでの出入りのため玄関床を広げてスロープ勾配を確保する［D宅］

＊移動方法　内部／ひざたち歩行移動　外部／電動車いす
＊住まい形態　2階建て賃貸アパートの1階に一人で住まう
＊改善目的　電動車いすで出入りできるよう玄関框にスロープ床を造る
＊改善個所　［★効果・評価］
・37cmある玄関框にホール床を改修して木製のスロープ床（L150cm）を造る★電動車いすで上がり降りできるスロープ勾配を確保する
・横手摺を設置する★スロープ移動を助ける
・スロープ床に滑り止めを貼る★スロープの滑りを和らげる
＊注意点
・スロープ勾配を決める時は、車いすの後のカゴに荷物を置いて前輪が浮きあがらないか確認すること。
・マニュアル本に書かれているように扉を開閉する部分は、安全のため平らな床を必要とするが、この事例では、スロープの勾配を優先する。

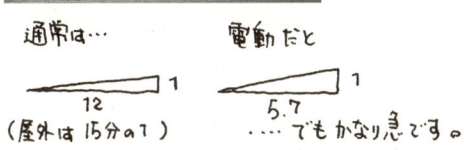

通常は…　　　電動だと
　1　　　　　　1
　12　　　　　5.7
（屋外は15分の1）　……でもかなり急です。

スロープの勾配：通常室内のスロープは12分の1勾配以上。ちなみに電動車イスの登板力はJIS規格で10°以上（約5.7分の1勾配）

玄関框にミニスロープを置いて移動する

＊**改善目的**　玄関框の段差にミニスロープを置いて車いすでの移動を可能にする

＊**注意点**
・框の高さ、移動方法、費用によりスロープの材質は異なるが、安全に出入りできるように設置する
・車いすでの移動では、壁が傷まないよう巾木を高くしたり、腰壁の材質に配慮したり、扉の保護等、安心して動けるようにする。

チェッカープレート敷

パンチカーペット敷

木製スノコ板敷

車いす等からの移乗を助ける手摺の設置

＊**改善目的**　玄関で車いす等からの移乗を助ける手摺を取付ける

＊**注意点**
・移乗動作により補助手摺の位置・形状・太さ・材質等まったく異なるため、手摺を取付ける前にその場で試してから決めること。

取付前

取付後

玄関上框を段差解消機により車いすのまま出入りする［E宅］

＊移動方法　内部／足動車いす・介助　外部／電動車いす・足動操作
＊住まい形態　木造２階建借家の１階に一人で住まい介助者を頼んで生活する
＊改善目的　居住室から一人でも外にでれるよう既設玄関を改造する
＊改善個所　［★効果・評価］
・据置き型の電動段差解消機を設置し、足元にスィッチを左右に改造して取付ける★段差44cmを正面から車いすのまま一人でも昇降できる
・玄関土間部分の長さを広げる★解消機と玄関扉の距離がとれて安全・安心
・既設引違扉を撤去し電波錠連動自動引違扉に取替える★リモコンキイにより錠・扉の開閉が車いすででき、外出が自由にできる
・床部が凸型の段差解消機のため電動車いすの前中央輪が当たりまっすぐ進入できず、ベニヤ板を両側の凹部に敷き凸部の差をなくして対応する。今は車いすを交換したため、支障とならず取り外している。このように車いすの形状にも注意すること。
・電動車いすを足で操作する方にとって、引戸の開閉は困難である。この事例でも最初は引違扉に閉める動作をなくすためにオートクローザーを取付て対応したが、車いすを操作しながら扉を引いて開口幅を確保できず、自動扉に変更した。ポーチの広さがとれる場合は、開き扉でリモコンキイ連動開閉型が引戸よりスムーズにできている。

膝歩行で移動のためのスロープを造る　　［H宅］

＊移動方法　内部／つたい・膝歩行　外部／電動車いす
＊住まい形態　３階建て賃貸アパートの１階に一人で住まう
＊改善目的　玄関から居住室の通路を膝歩行で移動できるよう15cmの段差をスロープ床に改造する
＊改善個所　［★効果・評価］
・廊下部を改造して１／20勾配のスロープ床とし、下地に畳を置きじゅうたんを敷く★膝への負担かなく移乗も安心・安全にできる
＊注意点
・床材は移動手段により選択が異なるが、健康に配慮した材料を優先すること。

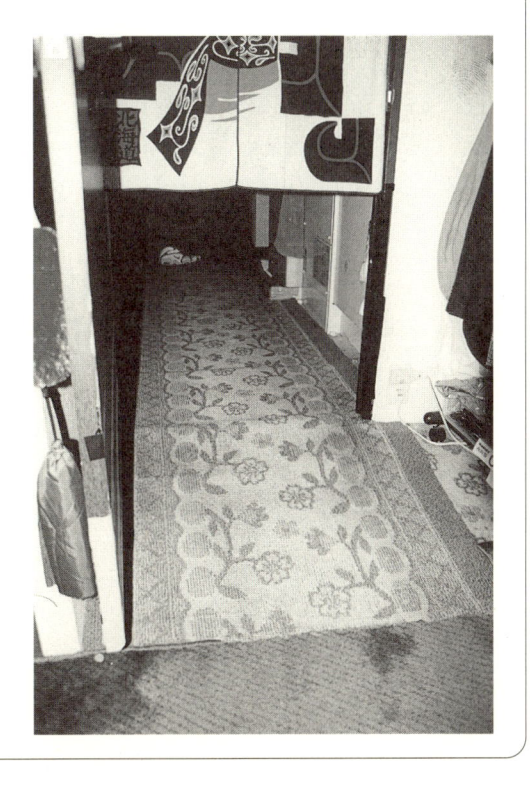

歩行器で廊下を移動する　　　　　　　　　　[Y宅]

***移動方法**　夫；内部／伝い歩き　外部／自走車いす　車運転移動
妻；内部／とんび座位・歩行器移動　外部／電動車いす・車いす介助
***住まい形態**　夫の両親の木造2階建て作業所併用住宅に一緒に住まう
1階8帖を居住室とし、水廻りを改造する
***改善目的**　居住室から水廻りへの移動を歩行器で行えるよう改造する
***改善個所**　[★効果・評価]
・既設段差を改修してフローリングでスロープ床とする★歩行器での移動・回転を容易にする
***注意点**
・床材は移動手段により選択が異なるが、健康に配慮した材料を優先すること。

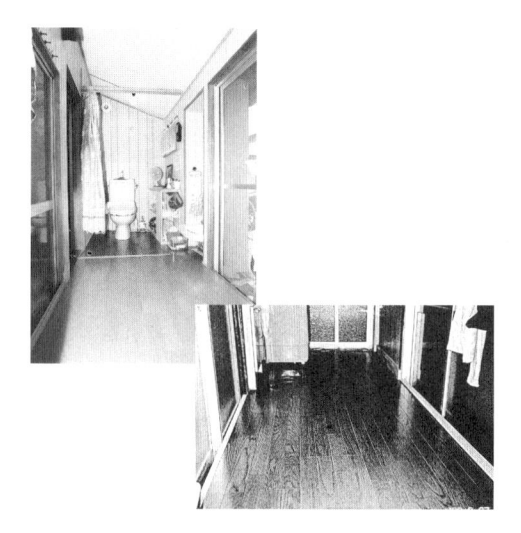

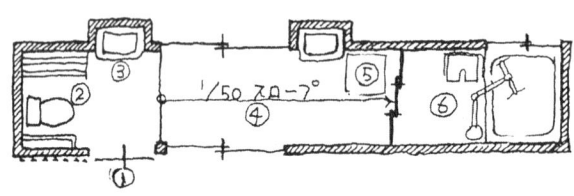

① 入口　　④ 脱衣
② トイレ　⑤ 洗タク
③ 洗面　　⑥ 浴室

(4) 車いす置き場

　歩行困難者にとって、車いすは最も基本的な移動手段である。特に外出時には、移動はほぼ100％これに頼っているので、なくてはならない生活用具である。それだけに、極めて大切に扱っているし、自らが使い良いよう、改良・工夫をこらしている。
　住宅内では、戸外と同じ車いすを使う人、別のを使う人、そして使わない人に分かれる。後の二つの場合には住宅の出入り口付近に、前の二つの場合はベッド付近に、車いすの置き場が必要である。この場所では、車いすの手入れ・メンテナンスも行うので、それが簡単、快適にできるスペースであることが求められる。このように車いす使用者にとって重要な場所であるが、一般的な住宅では、この置き場のことは考えられていない。そこで、このスペース確保は、自立のための住宅探しの時に、独自に考える必要が生じてくる。
　電動車いすの場合には、その充電のための電源が、置き場の近くにある必要がある。一般のアパート・マンションでは、できれば車いすを玄関に置きたいのであるが、そこが非常に狭いので、みなそれぞれに苦労している。

玄関を広げて電動車いすを置く　　　　［Y宅］

＊**移動方法**　内部／伝い歩行・座移動　外部／電動車いす
＊**住まい形態**　鉄骨造2階建て民間賃貸アパートの1階に一人で住まう
＊**改善目的**　外ではなく内部に車いす置き場を確保する
＊**改善個所**　［★効果・評価］
・玄関土間を広げて設置スペースを造り、移乗補助手摺とコンセントを設置する★車いすが室内において安心でき、移乗も充電も無理なくできる
＊**注意点**
・障害をお持ちの方の移動機器は身体の一部であり、外部に置いておくことは心配である。室内に置いておけるスペースを確保することが自立への一歩である。
・電動型の移動機器は、必ず充電用のコンセントを設置すること。
・行政により、室内に車いすをおかないと交付しない例もあるので、注意のこと。

改善前

改善中 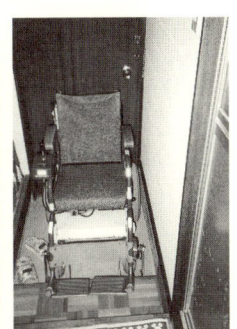　　　改善後

2台の電動三輪カーを玄関に置く　　　　　［M宅］

*移動方法　内部／伝い歩行　外部／電動三輪カー
*住まい形態　木造1階建賃貸住宅にご夫婦で住まう
*改善目的　ご夫婦の2台の電動三輪カーを玄関に置けるよう改造する
*改善個所　［★効果・評価］
・玄関土間を広げて2台分のスペースをとり、コンセントと手摺を設置する★玄関でご夫婦共電動三輪カーを降りて手摺の補助により室内に移動できる
*注意点
・電動三輪カーの回転範囲は電動車いすより大きいので注意する。

室内の移動機器置き場の工夫

*改善目的　廊下、居住室の一部に移動機器置き場をとる
*改善個所　［★効果・評価］
・移乗用の手摺を取付ける（①）
・壁を保護する木製のキック板を巾木上に取付ける（②）
・床に布を敷き置場の明示・移乗時滑り止・床材保護を兼ねる（③）
*注意点
・移動機器を外部から室内まで使用する場合は、車輪の汚れ、雨天時の水対策等の配慮を必要とする。

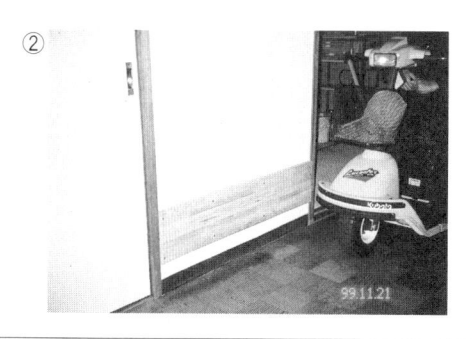

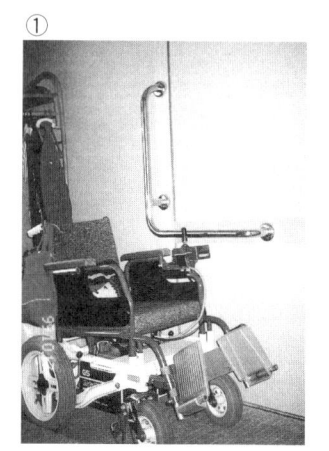

(5) 居住・寝室スペース

　居間や食堂などの居住スペースは、家にいて活動している時の大半を過ごす場所である。食事をする、テレビを見る、パソコンで仕事や趣味、あるいはインターネットなどを利用する。こうした活動は、居住スペースでなされる。

　こうした活動のために、さほど広くない場所ではあっても、かなり動き回る。したがって、多くの場合、間仕切りは障害のある人の在宅生活には、邪魔な場合が多い。寝室との間の間仕切りも無くして、自立生活者はほとんど、居住・寝室スペースをワンルーム形式にしている。

　マンション形式の場合、できるかぎり間口幅を節約したいという建築的な要請があることから（フロンテージ・セーブ）、各戸の間取りは、奥行きが深い、「鰻の寝床」形式のものになりやすい。このため、そうした住戸をワンルーム化するのには、少し困難が伴う。それができた場合も、居住者はピストン的に動くことになり、動線の長い生活になりやすい。

　これに対して戸建ての場合は、比較的まとまりの良い動線でのワンルームにしやすいようである。いずれにしても日本の住宅－特に賃貸住宅－は、部屋が小さく間仕切りが多いのが特徴なので、それを取り外したときに、いかにまとまりの良いワンルームにできるかを、住まい選びの段階から意識しておく必要がある。

分譲マンションをワンルームに造り替える　　　　［Ｉ宅］

＊**移動方法**　内部／足動自走車いす・キャスター椅子　外部／電動車いす
＊**住まい形態**　８階建分譲マンションの４階に夫と住まう
＊**改善目的**　移動に負担ないよう生活空間としての住まいに改造する
＊**改善個所**　［★効果・評価］
・玄関ホールを広げスロープ床にする★玄関の出入り・移乗がスムーズにできる
・浴室・トイレ・押入を除き壁をとって段差のない居住スペースを造る★移動に負担がかからず広々として快適
・無垢の床、木の腰壁、しっくいの壁の自然素材で仕上げる★身体にやさしく落ち着く
・設備機器類は使える位置に替える★椅子に座って操作できる
＊**注意点**
・分譲マンションのためできた住まい改造であるが、高齢になっても負担なく使用できる使い手に配慮したマンションの供給が望まれる。

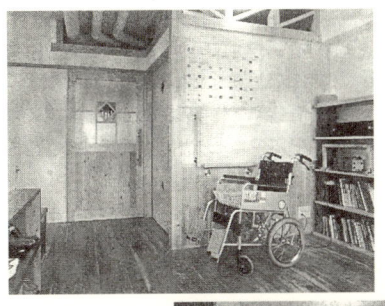

段差をなくし、移動に負担のない建具を工夫する

建具改修　両引込戸　　二枚連動引込戸　　引違戸

有効開口幅：建具自体の幅ではなく、戸を開けた時、開いた空間の幅を言う。取っ手などが付いているとその分、有効開口幅が狭くなる。

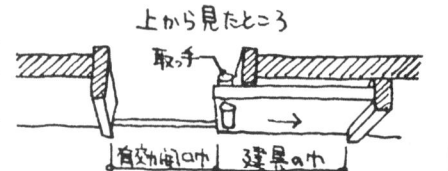

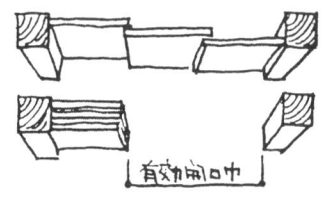

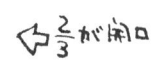

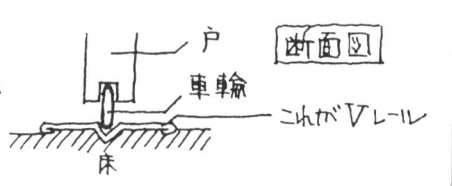

車いすで移動しやすいよう畳床を替え、ワンルームで使用する

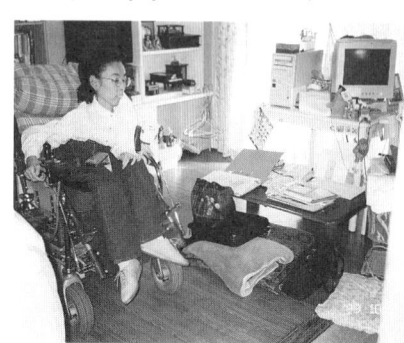

6帖二間を長尺塩ビシートに替えて、一室として使用する

畳の上に長尺シートを敷いて、ベットルームにする

畳をフローリング床に替え、リビングルームを造る

スイッチ・コンセント等操作を可能にする

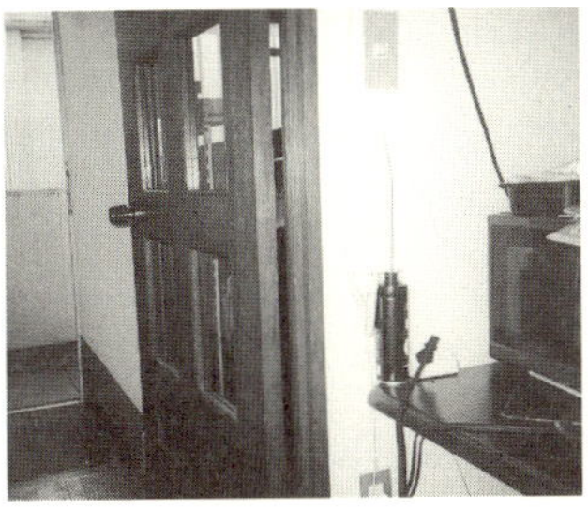

インタホンを下げる

スイッチを下げコンセントを上げる

普通は縦に付けるものを横にして…

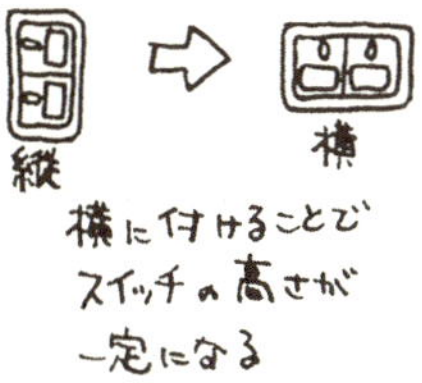

縦 ⇒ 横

横に付けることでスイッチの高さが一定になる

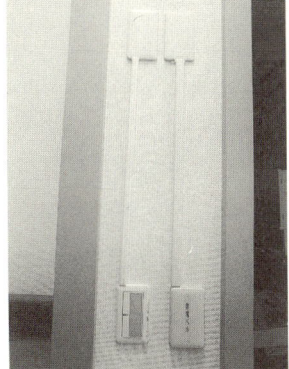

スイッチを足で操作する

スイッチ・非常ベルを下げ、大型スイッチにする

ベッドから電動リフトで移乗する　　　　［I宅］

***移動方法**　内外部／電動車いす　車いす　介助

***住まい形態**　8階建賃貸マンションの4階に一人で住まう

***改善目的**　介助者の負担を考えベッドからの移乗に電動リフトを設置し、車いすでの移動に負担ないよう敷居の段差を解消する

***改善個所**　［★効果・評価］
・敷居の段差をなくし畳にカーペットを敷く★車いすで移動できる
・ベッド頭部に電動リフトを設置★ベッドからの移乗に介助者の負担が少ない
・リモコン型の照明器具に取替える★ベッドからでも照明の入り切りができる

***注意点**
・電動リフト選択にあたり事前に試してみて、問題なく使用できるか確認する事。また、緊急対応を考慮して、メンテナンス・アフターフォローをしっかり行ってくれることを確認する。

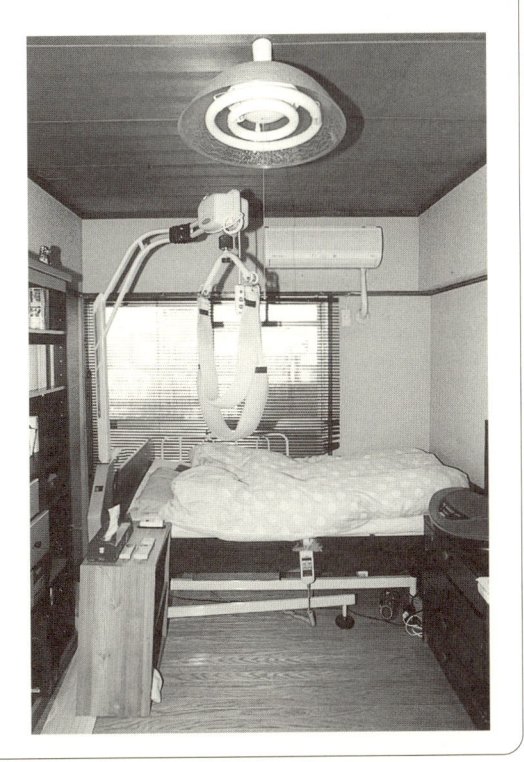

(6) トイレ・排泄スペース

　排泄は、とくに車いす使用者にとって、日常生活の中で最も難儀で、かつ最もプライベートな生活行為である。それだけにトイレ空間については、なんとかして自分だけで用が足せるよう、個々の障害状況に合わせた様々な工夫が見られる。トイレの一般的な改造の多くは、和式（しゃがみ式）であったのを洋式（腰掛け式）にすることである。

　しかしこれだけでは、重度の障害を持つ人には使いにくい。車いすあるいは匍匐（よつばいなど）からの便器へのアプローチは、容易なものではない。手摺を設置したとしても、体をいったん立ち上げて回転しながら便器に腰をあわせなければならないので、障害が重い人や手の力の弱い人には大変困難なことである。そこで、便座面と床をツライチ（同じ高さ）にする改造などが、時に必要になってくる。自立の家卒業生の中にも、このような改造をしている人が多く見られた。安全、便利に利用するため、かつ既存のトイレでも比較的簡単に改造できるので、これは有効な方法なようである。

　便器以外の改造では、体を回転するといった不安定な体勢を取らなくてもいいように、出入り口や水洗の弁を自分なりの方法で改造している事例も多く見られた。
このような工夫と改造により、重度の障害にもかかわらず介助なしでトイレが利用できる人は、かなり多い。

膝たち移動から使用する洋便器トイレの改造　　　[H宅]

＊**移動方法**　内部／膝たち歩行　外部／電動車いす
＊**住まい形態**　3階建賃貸アパートの1階に一人で住まう
＊**改善目的**　洋便器のトイレを一人で使用できるようにする
＊**改善個所**　[★効果・評価]
・便座高さまで床をかさ上げし水に強いじゅうたんで仕上げる★床がやわらかく、暖かく、安定した姿勢が保てる
・移動を補助する手すりの取付★移動や着座が安心してできる
・便座をリモコンシャワータイプに取替える★手元で操作でき負担が少ない
・洗浄レバーに紐を付ける★着座のまま手元で操作できる
・小物置き棚を造る★移動時じゃまになる小物を並べておける
＊**注意点**
・賃貸アパートのため退去時を考えて、壁を造って手すりを取り付けている。

車いすから使用する公団住宅の洋便器トイレの改造［A宅］

***移動方法** 内外部／自走車いす
***住まい形態** 公団賃貸住宅の2階に一人で住まう
***改善目的** 改造できない洋便器のトイレを工夫して使用できるようにする
***改善個所** ［★効果・評価］
・出入口扉をはずし手前から移乗台を便器まで便座高に合わせて造る★車いすでは出入りできない狭いトイレでも手前で移乗してずり移動により使用
・ロープを配管に張り渡して手摺替わりにする★ずり移動を助ける
・便器の両側は台を造らず足が降ろせる★排泄姿勢に負担がない
***注意点**
・公団管理より改造の許可が降りず取り外し可能な方法で工夫したトイレ事例。

ヘルパー介助で移乗して使用する洋便器トイレの改造［M宅］

***移動方法** 内外部／電動車いす
***住まい形態** 木造平屋建借家に一人で住まう
***改善目的** 介助者の負担を軽くするため洋便器のトイレを改造する
***改善個所** ［★効果・評価］
・出入口開扉を3枚建2本片引戸に取替え段差をなくす★車いすで出入りできる
・移乗を補助する手摺の取付★介助の負担を減らし、残存能力を発揮できる。
・シャワー便座に取替える★排泄動作の負担が少ない
***注意点**
・洗面室のスペースを利用して、車いす移動・移乗の介助利用を扉の取替えと段差解消で使用可能とする。

兼用便器トイレを座位移動で使えるように改造する [A宅]

***移動方法** 内部／伝歩行・とんび座位移動
外部／電動車いす
***住まい形態** 2階建て賃貸アパートの1階に一人で住まう
***改善目的** 出入り困難で使えない兼用便器を座位移動で使えるようにする
***改善個所** ［★効果・評価］
・洗濯置場をトイレに広げて床の段差をなくす★座位移動で出入りできる
・兼用便器をシャワー便座に取替え便器両側に手摺を設置する★座位から着座への助けと排泄時の姿勢保持ができ負担なく使用できる
・換気扇を既設窓部に設置★臭いを外に排出する
***注意点**
・出入り扉をなくして使用したが、介助者も利用するためカーテンを付ける

改善前

改善後

押入も使って車いすで使用できるトイレを造る [Y宅]

***移動方法** 内外部／電動車いす
***住まい形態** 賃貸マンションの3階に一人で住まう
***改善目的** 洋便器のトイレを車いすで使えるようにする
***改善個所** ［★効果・評価］
・隣の和室押入を壊して一坪の広さとし、洗面側の開扉をDK側に替えて片引戸とし床を嵩上げして段差をなくす★車いすで負担なく出入りできる
・補高便座（10cm）を取付けて便座高を上げ、元の扉位置に横手摺を設置する★便器への移乗がスムーズ
・洗浄リモコン装置取付け★身体を回転しなくても洗浄できる
***注意点**
・便器を取替えず床を嵩上げて段差を解消する場合、便座高が低くなり移乗が困難になるので補高便座か便器の嵩上げで対応する。
・洗浄リモコン装置、補高便座は便器の種類により取付けができないものもあるのでメーカーに確認する事。

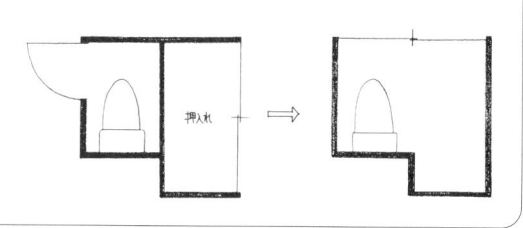

兼用便器トイレを膝立ち歩行で使えるように改造する ［D宅］

* **移動方法** 内部／ひざたち歩行移動 外部／電動車いす
* **住まい形態** 2階建て賃貸アパートの1階に一人で住まう
* **改善目的** 兼用便器のトイレを膝立ち歩行移動で使えるようにする
* **改善個所** ［★効果・評価］
・トイレ長さを30cm広げ開扉をアコーディオンに取替え段差をなくし通路を広げる★膝立ち歩行で負担なく出入りできる
・兼用便器をシャワー便座型洋便器に替え、前に横手摺を取付★便器への着座がスムーズ
・便座用コンセント設置
* **注意点**
・便器の取替は配管工事を伴うので費用に注意する。又シャワー便座は電源が必要なのでコンセントの設置工事を必要とする。

障害の異なる夫婦が使うトイレの改造　　［Y宅］

* **移動方法** 夫；内部／伝い歩き 外部／自走車いす 車運転移動
妻；内部／とんび座位・歩行器移動 外部／電動車いす・車いす介助
* **住まい形態** 夫の両親の木造2階建て作業所併用住宅に一緒に住まう
　1階8帖を居住室とし、水廻りを改造する
* **改善目的** 歩行器で移動する妻と補助手摺による移動の夫が使えるトイレに改造する
* **改善個所** ［★効果・評価］
・二段引手付Vレール片引出入口扉に取替★出入りを可能にし、開閉がスムーズ
・壁をなくし段差をなくす★広さを確保し歩行器での移動を容易にする
・便器を移設しシャワー便座を取付ける★移乗を可能とし自分でできる
・カーテンで間仕切る★狭いスペースを広く使用できる
・手摺と手摺棚を取付ける★夫の移乗を助け使用時の安定を保ち小物を収納できる
・洗面台を移設し座って使用する手洗い洗面器を壁から出した床に設置する★妻が座って移動し手洗い・化粧ができる
* **注意点**
・家族をふくめ障害の異なる方が使用する改造は、事前に検討を重ねお互いが無理をしない改善が必要。洗面器の高さは兼用が困難で二つ設置したが、共用の提案ができればコストを押さえることになる。
・住宅リフォーム助成と障害のある人住宅整備貸付制度の両方を使って改善資金をまかなったため制度上増築が認められず改造だけの対応と

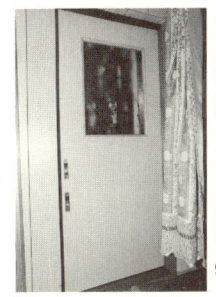

90度向きを変えました

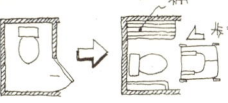

介助移乗後は自分で使用するトイレ　　　　　［E宅］

*__移動方法__　内部／足動車いす・介助　外部／電動車いす・足動操作
*__住まい形態__　木造２階建借家の１階に一人で住まい介助者を頼んで生活する
*__改善目的__　既存は狭く車いすでは使えないため居住室隣を水廻りスペースに改造
便器への移乗には介助を必要とするが、使用は一人で可能なトイレを造る
*__改善個所__　［★効果・評価］
・介助スペースを確保した便器の設置★車いすから便器への移乗に介助者の負担減
・背もたれ付トイレガード手摺取付け★使用時身体の保持をする
　移乗時は手摺を跳ね上げてじゃまにならない
・トイレリモコンスイッチ・洗浄スイッチを足元に取付け★自分でできる
*__消臭便器・天井換気扇の設置__★臭いを消す
*__注意点__
・移乗動作は左右得手・不得手があるので確認して位置を決める事。
・便器に背もたれを取付けるとトイレ蓋を取り外さなければならない

・自動洗浄装置は身体の不安定な方が使用時動いたり、移乗時便座を手摺として力を加えると水が流れてしまうので注意する。解除してリモコンで操作できる。
・既設便器に洗浄リモコンが取付かない場合、紐で工夫した事例もある。

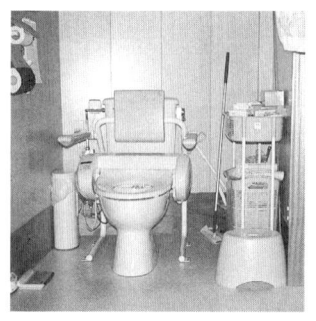

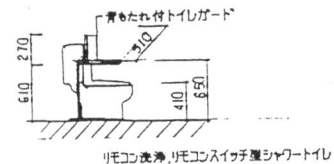

介助者の負担を軽くするリフトの設置　　　　　［I宅］

*__移動方法__　内外部／電動車いす　車いす　介助
*__住まい形態__　８階建賃貸マンションの４階に一人で住まう
*__改善目的__　介助者の負担を考えリフトを設置して便座に移乗できるよう改造する
*__改善個所__　［★効果・評価］
・扉をはずしビニールカーテンを取付け段差をなくす★車いすで移動できる
・電動リフトを設置★移乗に介助者の負担が少ない
・リモコン操作のシャワー便座に取替える★操作に負担がかからない
*__注意点__
・電動リフト選択にあたり事前に試してみて、問題なく使用できるか確認する事。また、緊急対応を考慮して、メンテナンス・アフターフォローをしっかり行ってくれることを確認する。

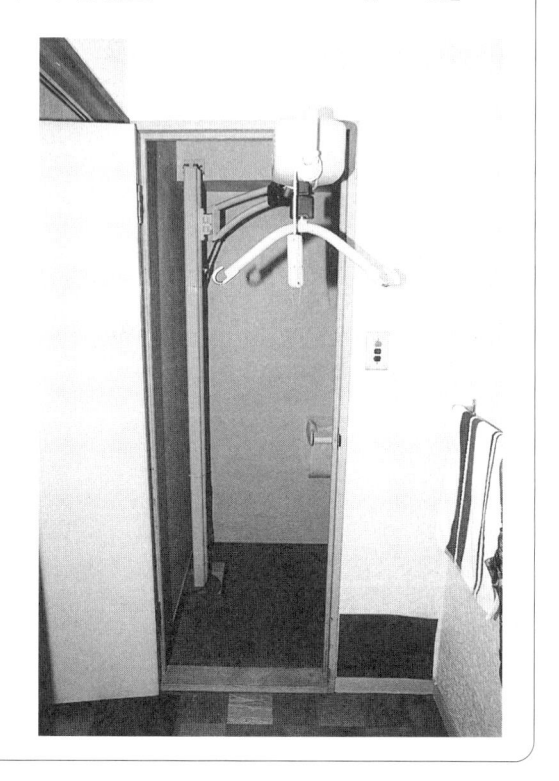

（7）洗面・整容スペース

　洗面行為には、車いす使用者に限らず、案外大きな負担がかかる。洗面所が使いにくいと、水を使うことから遠ざかった生活になり、生活のリズムが狂ってしまうとともに、歯の健康、ひいては健康全般にも悪影響を及ぼす。洗面所のつくり方は、一般的には、次のようなことが留意点とされている。

　車いす使用者にとって洗面器は、その下に膝が入らなければ利用しにくい。従って、洗面台下を、車いすが入るように空けておくとともに、車いすのアームレストの形態も工夫する必要がある。

　これに対して歩行困難者は、器具に手をついて体重をかけることがあるので、台そのものを、床から据え付けた頑丈な器具にすることが求められる。洗面器前の手摺は、歩行困難者にとっては体を支えたり、移動するために必要なのに対し、車いす使用者には逆にそれが邪魔になって、利用しにくくなることがある。

　器具の高さは、水が肘の方に垂れてこないように、手が肘よりも下になるように設置する。

車いすで使用する洗面器

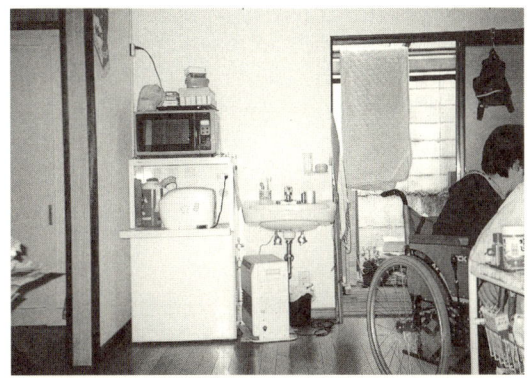

居住室の隅に設置する

介助スペースをとる。

既存浴室を洗面・洗濯室として使う。

座って使用する洗面器

出窓風に新設する

浴室への移動台を利用する

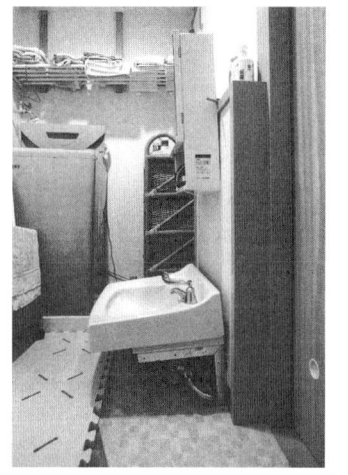

洗面器・鏡を下げて使用する

(8) 脱衣室・浴室・入浴スペース

　われわれ日本人の入浴様式では、脱衣室、洗い場、浴槽、の三つが、欠かすことのできない要素である。脱衣室での着脱衣、洗い場での掛かり湯と洗体、そして浴槽で肩まで浸かるくつろぎ、この三つは、一日の生活リズムの重要な要素となっている。ノーマライゼーションの考え方からいって、障害のある人の住生活においても、このリズムはできるかぎり守りたい。

　洗い場では、湯を体に掛けるなど飛散させながら使うために、脱衣室との間の間仕切りが、水仕舞い（水—湯—が脱衣室の方へ出たり、滲み出たりしないようにする）の良いようになっている必要がある。そのためもあって、浴室においては一般的に、脱衣室との間に段差が設けられている。車いすでこれを使う場合、浴室への出入りは大変である。また、洗い場から浴槽に入るのも、工夫を要する。自分の使いやすいように、あるいは介助入浴の場合は介助者の負担をできるかぎりなくすような、改造工夫がみられる。

浴槽が深く使用できない浴室を改造する　　　　［Y宅］

＊移動方法　内部／伝い歩行・座移動　外部／電動車いす

＊住まい形態　鉄骨造2階建て民間賃貸アパートの1階に一人で住まう

＊改善目的　浴槽が深く恐くて入れない浴室を使えるようにする

＊改善個所　［★効果・評価］
- 浴槽内に木製のスノコを敷いて床を上げる★7cm上げれば手摺を掴んで出入り可
- 出入りを助ける台座付L型手摺取付け★安心して浴槽に入れる
- ツーハンドル水栓をシングルレバーシャワー水栓に取替★操作が簡単
- スライドバー型シャワーフック取付け★高さが自由に調整できる
- 出入口の移動を助ける竪型手摺取付け★またぎ段差でも安心して出入りできる

＊注意点
- 浴槽の深さは作業療法士の動作確認により決定する。
- スノコは排水を考慮し、簡単に取り外しできるよう配慮する。
- スライドバー型シャワーフックは手の不自由な方には調整が困難。
- 窓の開閉も検討したが助成対象外のため行えず。

改善前

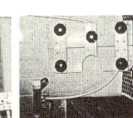

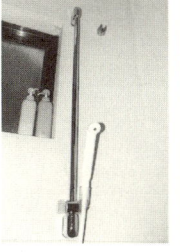

ユニット出入口のまたぎ段差を手摺と浴室内のスノコ敷で対応する

浴槽がなくなり、シャワルームに変わる？　　　[S宅]

＊移動方法　内～伝い歩行　外～電動三輪車
＊住まい形態　8階建賃貸マンションの3階に一人住まい
＊改善目的　深くて出入り困難な浴槽を使えるようにする
＊改善個所　[★効果・評価]
・打合せの最中でなぜか浴槽がとりはずされシャワーのみの入浴となる??
・配管のすきまから　すきま風が浴室内に入ってくる
・電気ヒーターの設置→入浴の1時間前にはスイッチを入れておく必要がある

マンションのユニットバスを改造　　［H宅］

＊**移動方法**　内部／キャスター椅子足動移動　外部／電動車いす足動操作
＊**住まい形態**　マンション1階を購入し、事前に使えない個所の変更を依頼して一人で住まう
＊**改善目的**　購入時に変更ができなかったユニットバスを、一人で使用できるように改善する
＊**改善個所**　［★効果・評価］
・扉をはずして脱衣室側に持ち出した洗い場床を浴槽高に合わせて木製スノコ板で設置★椅子から移乗できお尻をずらして移動し入浴できる
・持ち出した床を折りたたんで、カーテンを取付ける★水が外にこぼれない様考慮
・シャワーフックをスライドバー型に取替える★高さが自由になる
＊**注意点**
・＊ユニットは事前に指示すれば、水栓の高さや手摺の位置の変更が可能であり、入浴リフトの設置は後からでもできる。
＊洗い場の水栓高さとスイッチの高さを変更できたため、事前に現地で動作の確認が可能であったが、移乗のための持ち出し床の出寸法がイメージできず現場で試行錯誤の上取り付ける。

＊カーテンはほとんど水が飛び散る事がないため、閉めずに使用している。

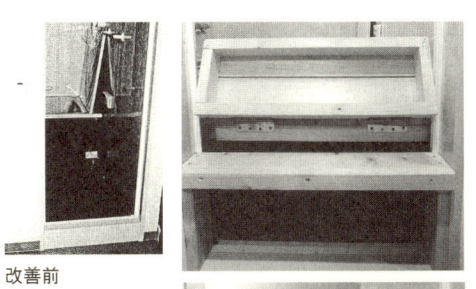

改善前

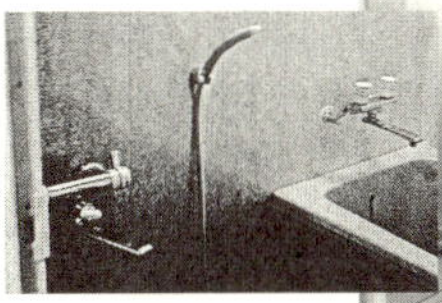

ユニット工事で洗場の混合栓を上げている

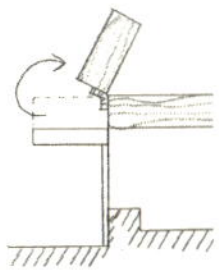

膝立ち歩行で使う浴室改善　　［D宅］

＊**移動方法**　内部／ひざたち歩行移動　外部／電動車いす
＊**住まい形態**　2階建て賃貸アパートの1階に一人で住まう
＊**改善目的**　介助の負担が軽くなるよう浴室を改造する
＊**改善個所**　［★効果・評価］
・内開扉を下枠が平らの折戸に取替、洗場の段差を解消する木製スノコ板15cmを置きマットを敷く★膝立ち歩行で出入りができる
・洗場床高さの変更により40cmの高さで浴槽を取替えて設置し、手摺を取付ける★介助ベルと手摺を使って入浴できる
・シャワー椅子にあわせてシャワー水栓を取付ける★介助の負担が少なく身体が洗える
＊**注意点**
・座歩行の方にとって移動方法により脱衣〜洗い〜入浴の動作は異なるので、事前に確認して負担がかからないよう細部にわたって考慮する。
・介助を必要とする場合は、どの動作で助けがいるのか検討し介助者の負担を少なくする。

車いすから移乗して使う浴室の改造　　　　[M宅]

＊移動方法　内部／自走車いす　外部／電動車いす
＊住まい形態　木造1階建賃貸住宅に一人で住まう
＊改善目的　車いすから洗場へ移乗でき、手摺の補助により入浴できる浴室を造る
＊改善個所　[★効果・評価]
・既設を壊し車いす座高に合わせて和洋折衷型の浴槽を設置し、少し下げて水返しの段差をとった洗場床を造り木製のスノコ板を敷いて段差をなくす
・同じ高さで脱衣室側にも木製の移乗台を置いて手摺を取付け、浴槽への出入りを補助する手摺を取付ける★移乗に負担がかからず安心して安全に入浴できる
・ツーハンドル水栓をレバー式サーモ水栓に高さを上げて取替える★操作し易く安全
＊注意点
・車いす使用者の方は洗場の床を車いす座高に合わせる事により移乗に負担がかからず可能になる。その造りかたには様々な工夫がみられるが、住まいで最も危険な場所は浴室のため、細部にわたり事前の検討・確認を必要とする。
・家族と共同で使用する場合、かさ上げした床からの出入口高さ、天井の高さに注意する。

改善前

改善後

ヘルパーの負担に配慮し、水圧リフト設置の全介助の浴室 [E宅]

＊移動方法　内部／足動車いす・介助　外部／電動車いす・足動操作
＊住まい形態　木造2階建借家の1階に一人で住まい介助者を頼んで生活する
＊改善目的　全介助を必要とするため、入浴リフトとシャワーキャリーが使えるよう、部屋を改造して居住室隣に浴室を新設する
＊改善個所　[★効果・評価]
・シャワーキャリーで移動する広さの確保★シャワーキャリーのまま使用できる
・水圧式リフトを設置する★ヘルパー一人で浴槽への出入りができる
・排水ユニット付三枚建二本連動片引扉設置★段差なく開口巾を確保
・1400サイズの浴槽を設置★キャリー部をはずして椅子のまま入浴できる
＊注意点
・リフトは事前に試して身体の安定・保持を確認し、椅子のままで移動するかシートに包んで入浴するか選択する。
・リフトは既存浴室にも設置できるがアームの回転を考慮して位置をきめる。水圧型は、電気工事は必要ないが、水の供給と、降下時水がでて床を流れるため、コストがかかるが排水管で接続したい。
・リフトの昇降巾、吊り具長さ、浴槽との位置：深さにより、入浴が微妙に変化するため設置時に確認すること。

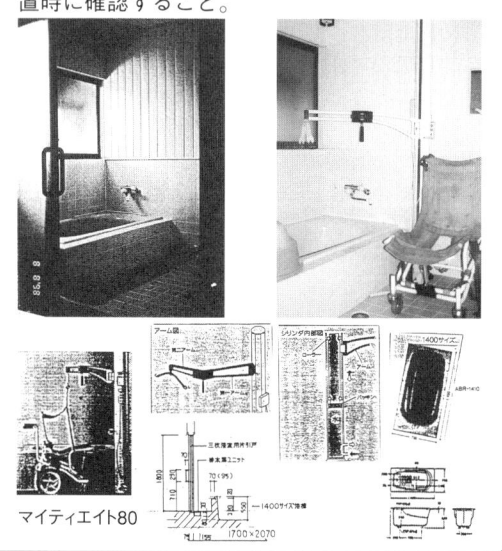

マイティエイト80

障害の異なる夫婦が協力して使う浴室　　　　［Y宅］

*移動方法　夫；内部／伝い歩き　外部／自走車いす　車運転移動
妻；内部／とんび座位・歩行器移動　外部／電動車いす・車いす介助

*住まい形態　夫の両親の木造2階建て作業所併用住宅に一緒に住まう
1階8帖を居住室とし、水廻りを改造する

*改善目的　補助手摺が必要な夫と、歩行器で移動してシャワー椅子に座り、そこで身体を洗い、吊りシートでリフトにより入浴する妻を夫の協力で使用できる様、既設を改造する

*改善個所　[★効果・評価]
・通路の段差をスロープ床にする★座っても、歩行器でも移動できる
・三枚建二本連動片引き扉に取替える★歩行器で出入りできる
・シャワー椅子を置き、リフトを設置★椅子に座り身体を洗い、吊りシートで入浴
・手摺兼用スライドバーシャワーハンガー取付け★シャワーの位置が自由になる
・妻の動作に支障ない位置に手摺を設置★夫の歩行・出入りを助け、介助にも役立つ
・既存浴槽の床をスノコで16cm嵩上げする★夫の出入りの負担を軽くする
・通路扉前に排水ユニットを設置する★水の溢れを防ぐ

*注意点
・家族をふくめ障害の異なる方が使用する改造は、事前に検討を重ねお互いが納得できる改善が必要。リフトは事前に試していただき、吊りシート型を選択する。
・リフトを設置するには最小の広さであったが、住宅リフォーム助成と障害のある人住宅整備貸付制度の両方を使って改善資金をまかなったため制度上増築が認められず改造だけの対応となる。

壁を壊して3枚引き戸に変えました

(9) 台所・食事スペース

　賃貸住宅のキッチンセットはほとんど、規格化されたものが造りつけられている。従って、一般的にいっても、それが利用者に適合しない寸法であることは多い。ましてや、車いす利用者にとっては、こうしたキッチンセットは、そのままでは使い物にならない。自分で調理しようとする場合は、改造が必要である。ところが、自立の家を出た自立生活者は、多くが、外食、店屋物などの「社会化された食生活」に頼るか、ボランティアなどが調理するかに拠っているので、水栓を操作しやすくしている（場所が便利なので洗面所代わりに使っている人も多い）以外は、大きな台所改造をしている人は少なかった。

　車いす向けの台所改造において、まず必要なのは、調理台や流し台（シンク）の下を空けて、膝や車いすの足置き（フットレスト）の部分がそこに入ることである。これにより、水栓や棚などに届きやすくする。これを基本に、加えて、まな板置き、調理器具、什器、調味料入れ、包丁、照明やフードのスイッチなどが、届きやすく使いやすくすることが求められる。そして、火や油、熱湯などを、車いすを操作しながら使うので、充分なスペースと安全対策が必要である。

車いすで調理できるキッチンに改善する　　　[M宅]

＊**移動方法**　内部／自走車いす　外部／電動車いす

＊**住まい形態**　木造１階建賃貸住宅に一人で住まう

＊**改善目的**　車いすで使用できるよう既設キッチンを直す

＊**改善個所**　[★効果・評価]
・流し台下部の扉を取除いてオープンにする★流し台に近づけ調理し易い
・ツーハンドル水栓をシングルレバー水栓に取替える★操作し易く無理なく届く
・高さの低いガス・電気コンロを置く★調理品の移動に負担が少ない
・コンセントを使える位置まで下げる★電気器具が使用できる

＊**注意点**
・賃貸住宅では退去時に現状復帰の契約があり、現実はたとえ多くの人にとって使い易い改造でも問題になり、大規模な改善をあきらめてしまう。管理者・所有者の理解を要す。

改善前

改善後

車いす仕様のシステムキッチン

＊住まい形態　障害をお持ちの方が造った共同住宅
＊改善個所　［★効果・評価］
・車いす対応のキッチンを設置★下部がオープンで車いすでも無理なく作業できる
・電磁調理器でカウンターがフラット★安全で滑らせて器具の移動ができる
・換気扇のスイッチが手元にある★換気扇が使用できる
・流し前部に手摺がある★車いすでの移動・動作を補助する
＊注意点
・車いす対応タイプはまだ少ないため、事前に使用できるか体験・確認する事。
・ガスレンジの場合、調理機器がスライドできるように配慮する。
・手摺は移動方法により、使えない方もみえかって邪魔になる場合もある。
・調理テーブルが手前にスライドして使えるタイプは車いすでの作業に負担がかからない。

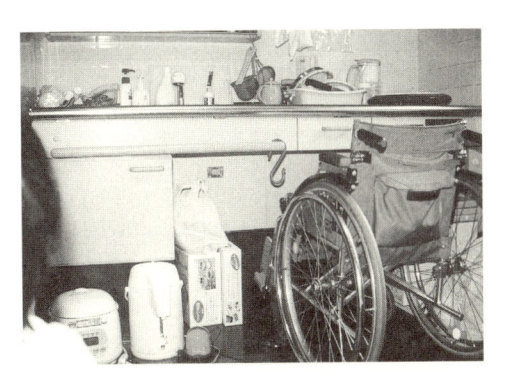

分譲マンションのキッチンを事前に使用可能にする　［H宅］

＊移動方法　内部／キャスター椅子足動移動　外部／電動車いす足動操作
＊住まい形態　マンション1階を購入し、事前に使えない個所の変更を依頼して一人で住まう
＊改善目的　キャスター椅子で移動して使えるキッチンをマンション購入前に依頼する
＊改善個所　［★効果・評価］
・流し部の下部をオープンにする★椅子に座ったままでも膝・足が当たらない
・スイッチ・コンセントを下げて付ける★無理なく作業できる
・入居後レバー水栓のハンドルを延長する★手の甲でも上げ下げでき使い易い
＊注意点
・新築分譲のため事前に要望をとり入れる事ができ、改善はレバーハンドルの延長だけで使用が可能となる。後からの改造は費用も時間もかかるため、専門家を含めた事前の要望・提案を行うこと。

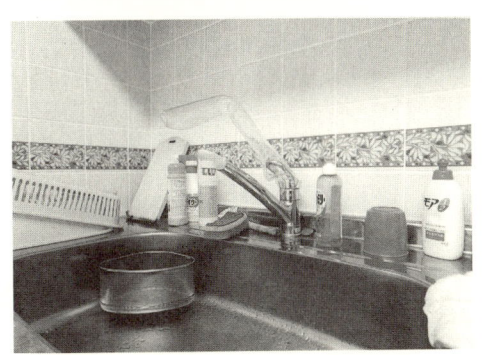

車いすで使用する公団住宅のキッチン改善　　　［A宅］

＊**移動方法**　内外部／自走車いす
＊**住まい形態**　公団賃貸住宅の2階に一人で住まう
＊**改善目的**　改造できないキッチンをせめてお湯を沸かせるようにする
＊**改善個所**　［★効果・評価］
・キッチン前にスノコ板を敷き床を上げる★段差ができたが無理せず作業できる
・ハンドルに届かないため蛇口部に市販の開閉レバーを取付ける★水の開閉ができる
＊**注意点**
・公団管理より改造の許可が下りず水を使うだけの工夫である。
・スノコ板による段差は車いすの車輪を上げて移動しているが、間隔がなくて方向転換はできず後向きで行っている。

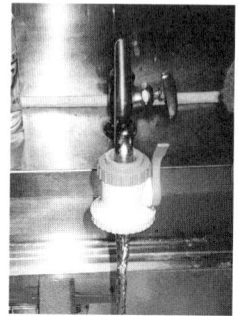

(10) 洗濯・物干し・ベランダスペース

　一般的に出回っている洗濯機は、洗濯物の投入口が真上にあり、操作盤（スイッチ類）はその奥にある。そのうえ背が高いので、普通に床の上に置くと、車いす使用者が自力で使うのには非常に骨が折れる。あるいは不可能である。すなわち、一般のアパート・マンションの洗濯スペースは浴室や台所の近くの床に設定されているが、ここに洗濯機を置くと、車いす使用者にとっては大変不便だということである。こうしたことを解消するために、自立の家卒業生は、洗濯機をテラス・ベランダの床に置き、洗濯機の回りを囲むようにスノコを敷くことにより床の高さをかさ上げして、投入口や操作盤に車いすから手が届くように調節をしている方が多かった。

　ユニバーサルデザインの一環として、車いすからでも使いやすい洗濯機（今はまだ高価）が普及することが望まれるが、それまでは、こうした工夫も有効である。

　テラス・ベランダは外の空気を味わうことができ、また、物干し・物置・ベランダ園芸など、多くの機能がある。更には、火災などの緊急な場合、避難通路の役割ももっている。

　このような重要な場所でありながら、ほとんどのアパート、マンションでは、雨仕舞い（雨が室内に入らないようにする）のためもあって、テラス、ベランダは室内より10cm程下がって段差がある為、車いすが思うよう移動出来ないのが現状である。障害のある人向け住宅等では、グレーチングを活用するなどして、段差解消されていることが多くなってきているが、一般のアパート、マンションではまだベランダにでるための工夫を必要とする。

洗濯を工夫する

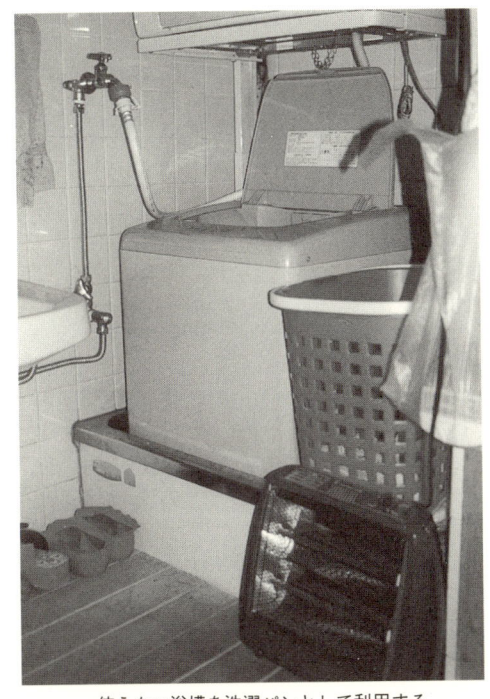

・使えない浴槽を洗濯パンとして利用する

ランドリー型の洗濯機を置く

膝立ち歩行で使うテラスの洗濯機　　　［D宅］

＊**移動方法**　内部／ひざたち歩行移動　外部／電動車いす
＊**住まい形態**　2階建て賃貸アパートの1階に一人で住まう
＊**改善目的**　膝立ち歩行で使える洗濯機置き場をテラスに造る
＊**改善個所**　［★効果・評価］
・土間に洗濯機を置き囲む様に室内床と同じ高さで木製のテラス床を造り庇でおおう★雨の日にも出入りに負担なく洗濯・乾燥機が使用できる
＊**注意点**
・テラス部に洗濯機置き場を造る場合、土間と室内床の高さにより洗濯機を設置する床の高さの調整が必要となる。

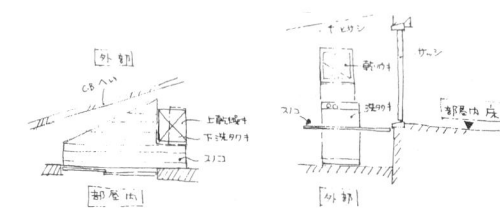

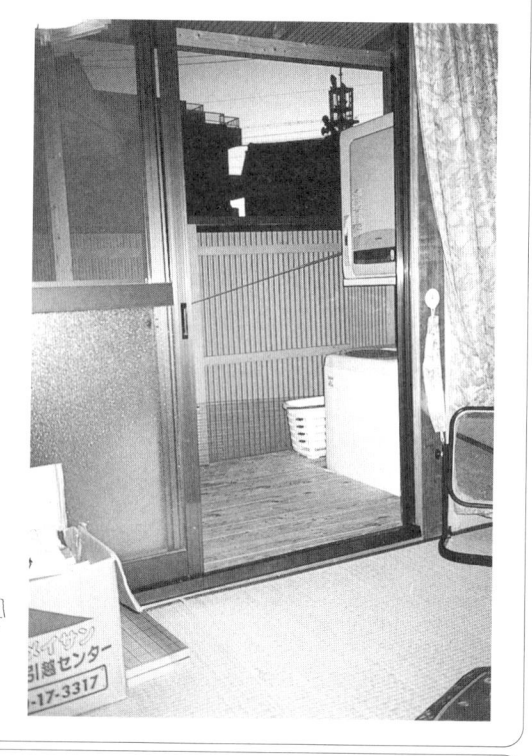

車いすで使う洗濯機をウッドデッキのテラスに置く　　［M宅］

＊**移動方法**　内部／自走車いす自　外部／電動車いす
＊**住まい形態**　木造1階建賃貸住宅に一人で住まう
＊**改善目的**　車いすで洗濯・物干しができるお気に入りのバルコニー風テラスを造る
＊**改善個所**　［★効果・評価］
・外部土間に洗濯機を置き回りを室内床に合わせたウッドデッキで床を造り木製のフェンスで囲む★洗濯機の高さが車いすの座高に合わせれて、負担なく安全に洗濯できる
・既設出入口建具溝に木板をかぶせ段差をなくす★紐で操作するが操作に時間を要す
・フェンスと壁間に物干し竿をかける★車いすで負担なく洗物が干せる
・ウッドデッキ床を広くとる★安心して外部空間を楽しめる
＊**注意点**
・電動車いすでの移動の場合は床にかかる重さにも注意する事。
・出入口建具のレール溝は、車いすでの移動の負担になるので考慮する。

改善前

改善後

いつでも使えるお気に入りのテラスを造る　　　　［M宅］

＊**移動方法**　内部／伝い歩行　外部／電動三輪カー
＊**住まい形態**　木造1階建賃貸住宅にご夫婦で住まう
＊**改善目的**　洗濯を床に座っていつでも行えるよう外部空間が楽しめるようなテラスを造る
＊**改善個所**　［★効果・評価］
・既設テラス建具を下枠フラット仕様の引違建具に取替える★段差がなく出入りが楽
・二坪弱のテラスを木製のデッキで室内床にあわせて造り、庇で覆う★いつでもテラスにでられ、座って外部を楽しむ事ができる
・ランドリー型の洗濯機を置く★床に座って洗濯・乾燥ができる
＊**注意点**
・ランドリー型の洗濯機は床に座って使用したり、車いすでの使用に負担がかからない。
・テラスを座って使用する方は、床が濡れていると乾くまで使えないので、雨を防ぐ配慮が必要。

出入り口段差をなくす工夫いろいろ

＊**改善目的**　テラス・ベランダ・バルコニーにある出入り口の段差を負担なく出入りできるよう工夫する
＊**改善個所**　［★効果・評価］
・スノコ板を敷き詰めて段差をなくす★出入り部に手摺があればより安心できる
・可動式の鉄板で建具溝をおおう★車いすでの出入りに負担がかからない
・木板を建具溝にかぶせて板に付けた紐で上げ下げする★かなりの技術が必要
＊**注意点**
・既設のテラス建具の溝を車いす等で出入りするには負担が大きい。様々な工夫がみられるが、メーカーの工夫により溝で負担がかからない建具も市販されている。
・テラス等外部との出入り口は風雨を防ぐ排水溝・庇の設置等、室内に入り込まない配慮を必要とする。

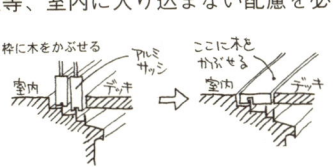

道具・小物の工夫
―― 居心地のよさ・使いやすさ ――

編集　田原美智子
　　　満井明希子

改造した家の間取りや改造箇所に体や生活がなじむには、少し時間がかかるものです。体を家の中で動かしてはじめて気がつくことがあっても不思議ではありません。しかし少しでも最初の違和感が少なく、住みやすさが感じられるようにするためには、改造前の話し合いを当事者や一緒に住む人たち、施行業者の間で頻回に行われることが望ましいです。話し合いを、多角的に進めると道具や小物など細かいところまで取り上げることができます。きちんとした話し合いの場がないと結局いきあたりばったりの工夫に終わってしまいます。

　今回取り上げた3つの道具（玄関ノブ・水道金具・トイレレバー）は、家の出入り・洗面・調理・排泄という生活の一部にかかわります。実は、間取りの変更・配管・配線などもろもろの改造作業のなかでは、見逃されてしまう部分もあります。バリアフリーの目的は、なんといっても「自立した生活」と「安全な生活」です。「自立した生活」が意味することやその生活のイメージは、千差万別でほんとに多様なのです。この本にとりあげた方々の部屋の様子や工夫を見るとよくわかります。その工夫の一つひとつにその人の身体的な運動を制限する機能障害と、それから生じる生活スタイルとの密接な関係を知ることができます。住宅改造の相談を受けるときは、ぜひ相談者のニーズだけでなく相談する人たちの身体的な状況にも目を向けてもらいたいのです。そうすれば改造後に『玄関のドアを自分で開けられず外出が自由にできない』ということに気がつくというような結果に終わらずにすむでしょう。

　このような失敗を繰り返さないためには、「玄関ドア」という既成の概念にとらわれずに考えることも必要ではないでしょうか。玄関ドアは、防音・防火・家の顔という外観などの機能をもっています。しかし「玄関ドア」は、自分で家と外界をしきることが究極の目的です。家の出入りがしやすいことが外にでようという気持ちを支えているのです。「出入り」を自由にしようという気持ちが生まれれば自然に道具の工夫につながります。玄関の道具の工夫は、ノブや鍵・玄関の開閉に集中して行われています。なぜそのようなところに集中するのでしょう。身体的な衰えや、障害は、手の力に反映されるからなのです。握る・つまむ・まわす・ひくなどの手の運動とそれをささえる安定した体の動きがなければ今ある「玄関ドア」を開けてわが家に出入りすることがむずかしくなります。

　さて家の中では、どうでしょう。『アンケート調査』の中で「住まいに関して道具の利用や工夫についてお尋ねします」という問いに「水道の蛇口」がリモコン類について12件あげられています。「水道の蛇口」がなぜこんなに道具で工夫しなければならなかったのでしょうか。生活の中で「水道の蛇口」の使用場面を考えると手・顔を洗うなどの洗面の場面・浴室・台所に限られています。洗面しなければ、入浴しなければ、調理しなければ「水道の蛇口」を工夫してまで利用しようとは、だれも思わないものです。

　「水道の蛇口」の使用の状況を知るためには、その人がどういう生活をしたいか。洗面は、どのようにしたいか。調理は、どのようにどの程度したいか。入浴は、どの程度、どのようにしたいか。それぞれの場面でどの程度の援助や支援が受けられるかということを聞き取る努力をしないと見えてきません。当事者もそれに答えられる体験をもち話し合いに臨めるとよいのです

が、当事者が住宅改造にあたって「水道の蛇口」まで体験できる施設は、病院のリハビリにあるADL室（日常生活動作訓練）か住宅関連のモデルルームをもつ福祉用具のショールームなどです。住宅改造の計画が始まったらでも遅くありませんから身の回りにある「水道の蛇口」を物色する目をもたないと施行業者や建築家の提案する多様なカタログに面食らってお任せになってしまいます。市販の「水道の蛇口」は、握ってまわす・バーを上げ下げする・バーを左右に動かすの3種類に大別されるようです。この動作を可能にするには、肩・肘・手関節などの関節とその運動をささえる腕や手の力が大きく関係しています。一見健康そうに見える人でも手の動きに障害を持つ人は、比較的多いのです。手の細かな動きは、話しだけではよくわかりません。特に当事者の動かせる範囲や「水道の蛇口」を操作する手の力をみんなが知ることで住みやすい工夫のヒントになるはずです。

「トイレレバー」は、排泄が自立するという最小限のプライバシーを守るということにつながりますのでぜひ取り組みたい道具です。排泄を自立するというときイメージされる動作は、便器に車椅子から移ったり、便器にすわり、立ちあがるという動作であったり、下着の脱着であったりします。現段階では、排泄後の始末までは住宅改造の守備範囲で工夫ができるようになっています。昨今新しい店や公共施設では、自動水洗が導入されていますが個人住宅の使用まで普及していません。どこかに贅沢だという生活感情が潜んでいるからでしょうか。トイレのレバーが操作できないという身体的な事情には、レバーと体の位置と距離が大きく関係しています。レバー本体は、「水道の蛇口」の動作と関連がありますが

トイレレバーは、安定した体の状況が「水道の蛇口」以上に影響しているのです。これも建築家や施行業者が当事者の体の動きに関心をもつことと、当事者が、排泄の始末は自分がするという強い意志をもてば改造時に解決できる事柄です。

さて「玄関ドア」「水道の蛇口」「トイレの水洗レバー」の3つの工夫は以下に紹介するように多様です。それぞれに工夫しなければならない身体的な理由があります。個々の事例をあげるとほんとうに生活と身体的な障害の奥深い関係を知ることができると思います。

私たちは、こうした事例をまとめるにあたって住宅改造の最初の段階に取り組んでもらいたいポイントになるような事例、だれでも共通に検討するべき事例をとりあげてみました。これらの事例を改造に関わる方々に知っていただき、住宅改造相談の検討の手がかりにしてもらいたいと思っています。できれば製品や部材の開発に役立てもらいたいと思っています。また住宅改造をしようとされる方には、事前の準備としてこうした事例を知ってご自分の工夫の参考にしてもらいたいと思います。

どれも決して大掛かりな道具ばかりではありません。簡単な材料で制限されている体の動きを自由なものにしています。最初は、簡単な工夫からスタートなのです。思い切って道具を使ってもらいたいと思います。

〈玄関ドア〉

〔ノブの種類〕

レバーハンドル　　　　　　　　ノブ 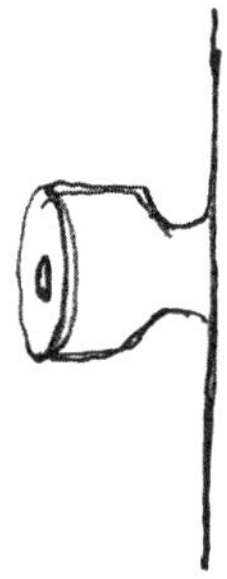　　　　　　　　　　プッシュプルハンドル

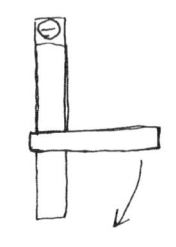

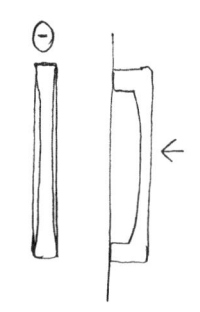

〔鍵の種類〕

鍵　　　　　　　電池式リモコンキーシステム　　　　　電気錠システム
　　　　　　　　　　（配線工事不要）　　　　　　　　（配線工事必要）

　　　　　　　　　　　　解錠ボタン　　　　　　　　　　パネル
　　　　　　　　施錠ボタン

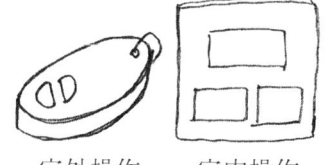

　　　　　　　　　　　　　　　　　　　　　　　　　室外操作　　室内操作

〔工夫の傾向〕

・ノブからレバータイプのものにかえる。
・レバータイプのものは、柄が長く押しやすいものに工夫する。
・玄関ドアの開閉の時間を長くするためにドアクローザーを取り付ける。
・玄関ドアを引き戸に換えて戸を引きやすくドアノブをつける。
・玄関に入ってからドアを閉めるときドアノブに紐を取り付けるなどの工夫をする。
・鍵は、つまみをまわすため持ちやすく力が入りやすいように柄を長くしたり、T字にする。
・鍵のつまむところに厚みをつける。

①ノブからレバータイプにかえる工夫
　　　　　　　　　（P.51　Y.Tさん宅）

②開き戸の工夫（P58　A.Sさん宅）

③引き戸の取っ手の工夫と内錠（P.91　O.Yさん宅）

④ノブからレバータイプにかえる

⑤-1 外に戸を開き内から閉める（P.14　M.Hさん宅）　⑤-2　同

⑤-3　同

開いているドアを中から閉める工夫
（P.44　A.Mさん宅）

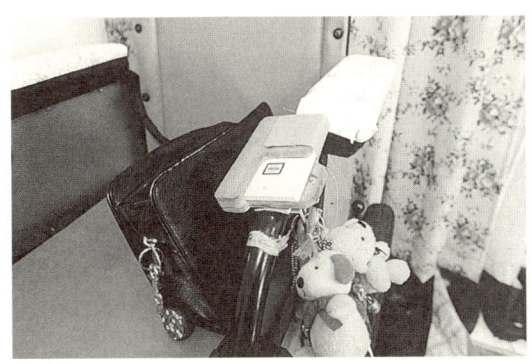

玄関オートクローザーのリモコンを車椅子のアームレストに取りつけて操作しやすいようにした

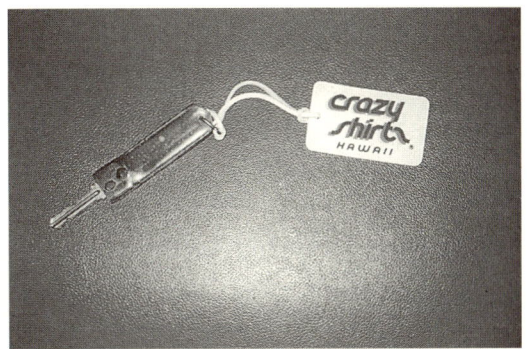

玄関の鍵に厚みと、長さをもたせて、さしこみやすく、回しやすくした

〔工夫を必要とする人の身体的な特徴〕
・レバータイプのドアノブは、手の力が弱く押しまわしの2つの動作を一度にできない人に便利である。
・押し戸の開閉の工夫は、ドアの重さや玄関の広さと関係が深い。電動車椅子で家の出入りをする人や玄関で電動車いすの向きをかえにくい、バランスをとることがむずかしい身体状況の人である。
・引き戸の開閉の工夫は、腕の力の弱い人に必要である。十分に戸を開閉するためには、腕を伸ばした状態で左右に十分に動かす必要がある。
・通常のドアの開閉では、腕や手指を使うため安定して立って手を使うことができることが必須条件である。車椅子を利用している人や腕や手指の力の弱い人は、ドアノブの位置を近づけ、弱い力を補う工夫をする。
・ドアの鍵は、手指、特に親指と人差し指の力の弱い人や麻痺などがあってつまみにくい人は、鍵のつまむ部分の厚みをもたせたり、つままずに握るようにしてまわせるよう工夫する。

〔改造前のチェックポイント〕
1．引き戸か押し戸がよいかを検討する。
　引き戸の場合は、手をノブにかけて左右に十分戸が開閉できるか。
　押し戸の場合は、ノブを回して戸を開く、家に入って戸を閉める動作が可能か。
2．ノブの形状を検討する。
　ノブを握ってまわし戸を開けるという一連の動作が可能か。
　レバーでは、どうか。ノブとレバーの動作で楽に開閉できる方を選択する。
3．鍵の種類を検討する。
　ドアに近づいて鍵穴に鍵をさす動作が十分できなければドアの近づき方・鍵穴の大きさ・鍵の持ちやすさの順に工夫をする。
　電動車椅子を利用していて体を乗り出すことができない場合、ドアに近づきにくいので電子錠を検討する。電子錠は、鍵穴にさしこむのに時間がかかり、汗をかいてしまったり、疲労感を感じるような人にも効果的。

〈水栓金具〉

[水栓の種類]

1. 単水栓：水または湯のどちらかのみを吐水するもの。
   - （a）ハンドル式（金具を指でつまみ、回転させる）
   - （b）レバー式（レバーを上下・左右させることにより、吐水・止水する）
   - （c）自閉式（押せば吐水し、一定時間で自動的に止まる）
   - （d）自動式（内蔵センサーに手が近づくと自動的に吐水・止水する）

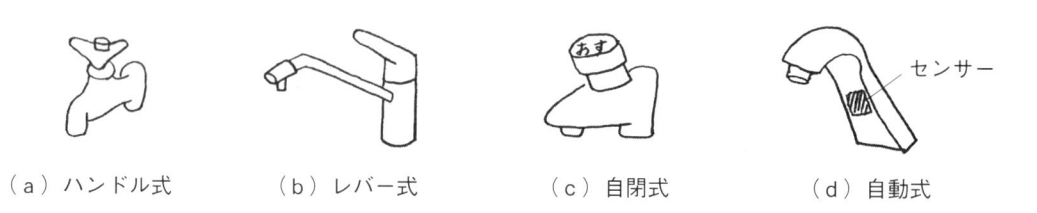

（a）ハンドル式　　（b）レバー式　　（c）自閉式　　（d）自動式

2. 混合水栓：水または湯、水と湯の混合と水温を変えることができるもの。
   - （a）ツーハンドル式（水量・湯量をそれぞれのハンドルで調整する）
   - （b）シングルレバー式（レバーを上下させ吐水・止水を、左右に動かし温度調整をする）

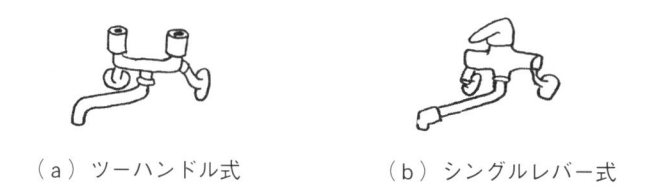

（a）ツーハンドル式　　（b）シングルレバー式

〔工夫の傾向〕

　開閉しやすいように、三角ハンドルをレバーに交換している所が多い。
シングルレバー式でも、手が届きやすくするためにレバーを延長している所もある。
ハンドル式からレバー式や自動式など、水栓自体を取り替える人は今回の調査ではいなかった。

〔工夫を必要とする人の特徴〕

ハンドルをスイングレバーに変える利点
　指先の細かい動きができなくても、腕全体の動きで開閉できる。
　レバーが長くなることで手が届きやすくなり、また弱い力でも開閉できる。

〔改造前のチェックポイント〕
　1．水栓金具に手は届きますか。
　2．操作方法は分かりやすいですか。
　3．開閉、温度調整の操作は楽にできますか。

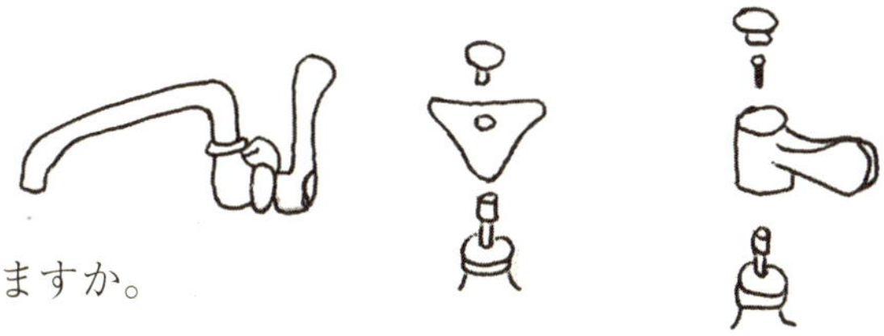

改造事例

ハンドル式の金具をスイングレバーに交換

スイングレバーはプラスチック製や金属製のものがホームセンターでも市販されている。レバーの長さは6〜8cmのものが多く、価格は長さによって異なるが1000円程度である。金具の交換も上部のネジを外して付け替えるだけなので簡単である。

　　H.Y宅　P.81参照 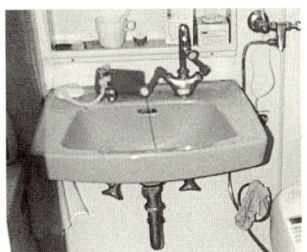　　　　A宅　P.58参照 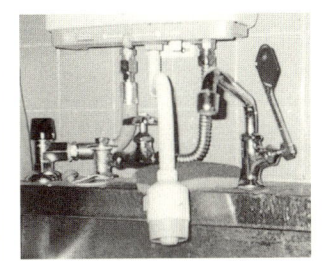　　　　Y宅　P.50参照

手元で操作できるように
水栓コックをつけた

シングルレバーを延長するために
ハンガーを曲げてビニールテープで固定

　　A宅　P.42参照　　　　　　　　M宅　P.18参照

ボランティアが製作したプラスチック製の延長レバー　　　　H宅　P.50参照

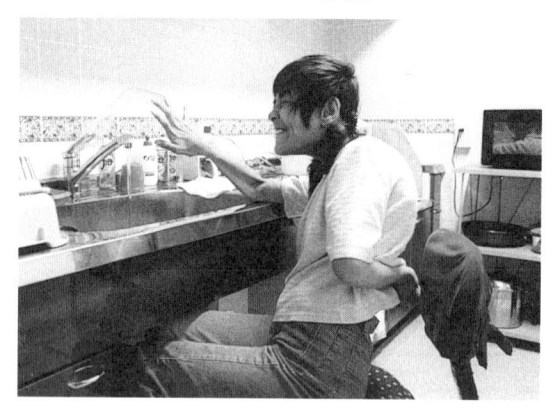

〈トイレまわり〉

　トイレの改造では、手すりの取り付け、和式から洋式便座の付け替え、ウォシュレットの取り付け、段差解消、扉の改造、トイレ面積の拡張などがよく行われます。しかし、これだけでは不十分なところもあります。水を流す工夫、便座に安定して座っている工夫など見落とされがちなものを紹介します。

[便器洗浄用レバー]

　便器を洗浄する水栓レバー（以下、洗浄レバー）の使い勝手は、洗浄レバーがトイレ内の位置によって異なります。洗浄レバーは便座後方にあることが多く、使用できない人もいます。このような場合は、洗浄レバーにリモコン式ユニットを取り付け、楽な姿勢で操作できるようにしたり、立ち上がると流れる自動洗浄に改造するのも良い方法です。

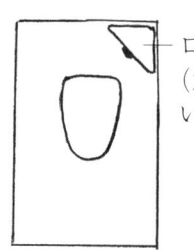

ロータンク
（水が貯まっている所）

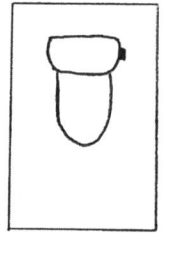

リモコン

隅つきロータンク
ロータンクの前面中央にある

便器一体型
ロータンクの側面にある

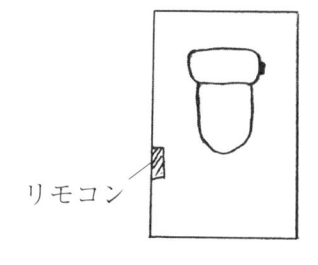

リモコン式
リモコンは操作しやすい位置に設置可能

〔改造前のチェックポイント〕
トイレに入ってから出るまで、全ての動作を考えることが重要です。
1．トイレの扉の開閉はできますか。
2．トイレ内のスペースは十分ありますか。（車いすや介助者は入れますか）
3．便座は使いやすい位置、向きになっていますか。
4．車いすから便座に、また便座から車いすに楽に移ることができますか。
5．便座から、楽に立ち上がることができますか。
6．便座に安心して座ることができますか。（長時間でも座り続けられるか）
7．トイレットペーパーホルダーに手は届きますか。取って使えますか。
8．洗浄レバーの操作はできますか。
9．トイレの照明スイッチに手は届きますか。

改造事例

洗浄レバーをリモコン式に変えた

A宅　P.58参照 　　　　Y宅　P.50参照

洗浄レバーにひも取りつけ、前で操作できるようにした

ビニールテープをレバーに巻き、テープをひも状にして前でひっぱり流せるようにした。
建具にフックをつけ、テープひもを引っかけてある

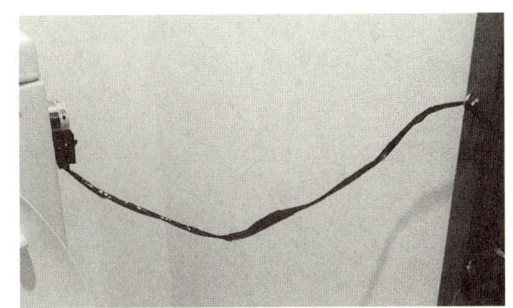

H宅　P.30参照

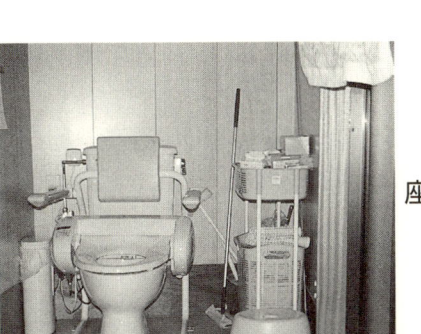

座位が安定するよう背もたれ付トイレガードをつけた

まとめ

住宅改造に関連した道具の工夫をとりあげた立場からこれからの住宅改造に3点提案したい。

1．利用者が住宅改造前に生活のあらゆる場面を体験できる場を地域にもとう。

体験できる場は、住宅展示場やショールーム・福祉機器展示場など限られている。足を運んで実際に使用するものを見たり体験したりすることは、必要である。しかし住宅に対する意欲がなければ足を運んで選択したり検討したりする余裕は、生まれない。障害をもっている利用者や家族にとって時間的な余裕やその場に出向くことについて臆劫になっては、ならないがこれは、健康な家族以上の支援とサービスがなくては実現しない。身体に障害をもった場合生活の諸事に困難な状況が生じるがそれは、予測しがたいものがある。利用者自身・家族ともさまざまなことを予測してみるがやはりみるとやるとでは、大違いという感覚のづれができる。それが「使えない」という言葉になるのである。ぜひ設計図や部材を決定する前の時間を十分にとって試してから決定するという流れやシステムを考えてほしい。足を運ばなくても体験できる工夫を利用者・家族・設計士・施工業者間で作りたいものである。疑似体験から困難を障害の状況に即して考えることについては、理学療法士・作業療法士の意見が役にたつ。

2．住宅改造に関連した道具を工夫するときは、身体状況から考える方法をもとう。

水栓金具やドアノブのように手を使うような部材の選択は、手や腕の活動範囲を補うもの、腕や手の力を補うものという視点でまず選択され、その上で色や好みが反映できるよう工夫される必要がある。住宅に関連した道具の工夫は、手の活動を伴うものが多い。カーテンの開閉・照明器具や電化製品のスイッチ類や室内での物の運搬・ドアの開閉・トイレのレバー・水栓金具などに集中するようである。間取り・水廻り・配管などの住宅改造という大きな視点に比べると小さい事柄であるが住みやすさの重要な決め手になっている。安値で取り替え工夫のきく市販の部材を選択できればよい。そのためには、障害のもっている身体的な特性について最初に検討すべきである。特に手の動きを必要とする道具は、身体が安定していることが大切であるにもかかわらず見逃されてしまっている。不自然な姿勢でレバーやノブ・スイッチを使わざるをえないのではないか。身体の動きをあわせるのではなく環境を身体に合わせる工夫をしてから弱い力・腕の届く範囲を補うのがのぞましい。

好みも住みやすさについては、重要な要素になる。好みを反映させることで利用者が住むことにこだわれるきっかけになる。高齢者ほど大切にしたい視点である。「みんなの好きなようにすればいい」というおばあちゃんの言葉を上手に「この色にしたいねえ」という言葉にかえる支援テクニックが必要なのである。

3．利用者の障害の状況は、固有であるが住宅に関連する部材は、特殊である必要はなく誰でもが使いやすいデザインの出現に期待、応援しよう。

ここであげた事例は、特殊な道具のように見えるか「あっ、こういう工夫もあるのだ」と見えるかによって障害の捉え方が異

なる。特殊な道具に見える方には、ぜひ自立した生活を望む方々の意欲がこうした自助具の背景になっている事を知ってあたりまえの工夫なのだということにきがついてほしい。「あっこういう工夫があるのだ」と見える方には、工夫しだいで可能になることが増えることの重要さを知って新しい工夫に挑戦してほしい。

　身体的な障害をもった人が100人いれば自助具や福祉機器は、100様の使い方がある。だからといって特殊なもの・目新しい工夫にとどまっていては、住みやすい家は、なかなか生まれない。障害をもっている人が使いやすいと感じるものには、だれもが満足できるものが多い。それは、身体に障害をもつと外の環境に対して敏感になり肌触り・もちやすさ・にぎりやすさ・動かしやすさなど健康のときには、気がつかないことに不自由を感じるようになるからである。

　特殊と思われる道具の工夫をあたりまえの道具にかえることができるのがデザインの本領かと思われる。自助具や福祉機器でいっぱいの家も見せ方やデザインのよさによって家族・利用者が無理なく生活できる場に変身するだろう。ぜひそういうデザインの出現を期待したい。

●●●●
リフォームした人に聞きました

編集　古田利江子

　このアンケートは、障害を持つ人たちが、自分の住まいを手に入れるまでに、どうやってリフォームを終了させたか、また、その後の生活はどう変わったかなど、3部に分けて聞き取りをさせていただいたものです。実際にお宅訪問をし、お話を伺いました。住宅リフォームに関心のある人たちにとって、どのお宅にもなるほどと思わされ又、障害を持つ人それぞれのくらしをうかがい、自分たちの持つ先入観にも気づくことができました。

　今回のアンケートについての特徴は、2つありました。
ひとつは、「できるだけ自分でできるように工夫したい」もうひとつは、「介助者（ヘルパー等）が介助しやすいようにしたい」でした。これらは、障害を持つ人たちが自分の生活をより快適にするための願いであると思います。誰もが自分の家を探す時、家をリフォームする時、今までの生活を振り返り、また希望やイメージを持ち、「こうしたい」「あそこで見たのはよかった」など夢が膨らむものです。一方、親元を離れて生活することや、介助になれた人のいる施設から離れて暮らすという、はじめての経験では、どうしたらいいか、誰もが考え、不安になるのは当たり前でしょう。

　アンケートに答えてくれた彼らの多くは、「どこまで改造すればいいのか」、「どうなっていると自分にとって住みよい家になるのか」と最初に戸惑ったことを今も忘れてはいませんでした。

　今回のアンケートの中では、「家探し」については伺っていませんが、リフォームの前の大きな作業です。障害があることが理由で借りることを断られたり、交通の便や、改造可能かどうか、不動産関係の人との意見疎通がうまくいかないこと、退去時の原状復帰、現状の住宅改造制度など、今後の課題が多く出てきました。

　しかし、現在自分の家を持ち、一人の時間を持ち、「精神的に楽になった。生活にメリハリができ、自分でできることが増えた」と笑顔で答えてくれました。また、アンケートの中からは、彼らが「人と人の交流・心の支え」を必要としていることが切実に伝わってきました。限られた世界から脱出し、新しい世界へ飛び立つ時、もっと当たり前に対応してくれることを彼らは望んでいるのでしょう。

第1部　改造前のことについて

1　改造するにあたって最優先に考えたことはどんなことですか？
　　２つ選んで順をつけてください。

　合計数では、「介助者が介助しやすいようにしたい」が最も多いが、優先順位別でみると「出来るだけ自分で出来るように工夫したい」が一番多い。
　この二つ項目が大きな特徴と言える。

＊その他の意見（２件）
1）改造というよりはトイレと浴室が
　　別れている所を探した。
2）自分自身で入浴するため
　　危険が少ないように。
　　電動車椅子の重量に床が耐えられるか。
　　一時的と考えて最低限の改善に止めた。

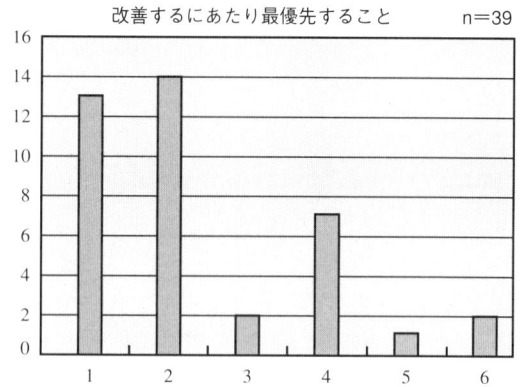

改善するにあたり最優先すること　n＝39

1	出来るだけ自分で出来るように工夫したい
2	介助者が介助しやすいようにしたい（ヘルパーさんたち）
3	家族の介助負担を減らしたい
4	数年先の自分の生活を想像して自宅や地域での生活が長く続けられるように工夫したい
5	助成金の範囲内でおさめたい。
6	その他

2　設計までに困ったことはどんなことでしたか。
　　当てはまるもの全てに○をつけてください。

　この項目では、自分の生活・自身のこと、世間での認知度、制度の問題があがっている。
　「どうなっていれば自分にとっていい環境になるのかイメージがわかなかった」が12件。
　「申請から工事までの時間がかかった」９件。
　「どこまで改造の範囲にできるかわからなかった」８件と続いている。
　今まで生活していた場所から、新しい生活空間を自分の意志で作り出すには最初の一歩は、誰でも難しい。しかし、本人の意見が揃わないと本人にあった生活空間ができないという、問題が起きてくる。

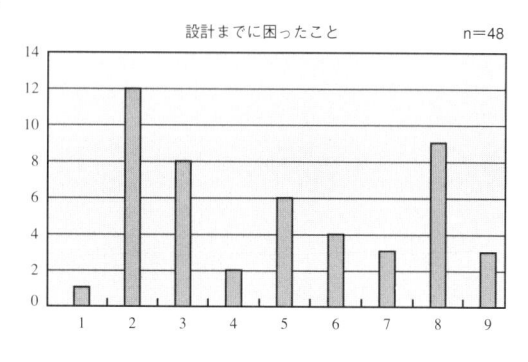

設計までに困ったこと　n＝48

1	誰に（どこに）相談していいかわからなかった
2	どうなっていれば自分にとっていい環境になるのかイメージがわかなかった
3	どこまで改造の範囲でできるかわからなかった
4	専門の言葉の意味が分からなかった
5	大家さん管理者が改造になかなか了解してくれなかった（一部・共用部分など）
6	経済的な問題。経済面で思うようにいかなかった
7	制度が分かりにくく、申請に手間取った
8	申請から工事までの時間がかかった
9	その他

＊その他の意見（3件）
1）時間が足りない
2）大家さんが改造してもよいが復旧してほしいと言ってきた
3）実父の改造・日用大工で父にやってもらった・助成金は実家で使ったので使えなかった

3　改造するにあたって情報や相談はどこの誰にしましたか
　　番号に○をつけて下さい（複数回数で）

「建築業者」6件
「生活の道具相談室」4件
「なごや福祉プラザ」4件
となっており相談場所は各項目同じような数字となっている

＊その他の意見（2件）
1）障害者の方の家を2件見た
2）サマリア職員
　　→業者紹介の工事

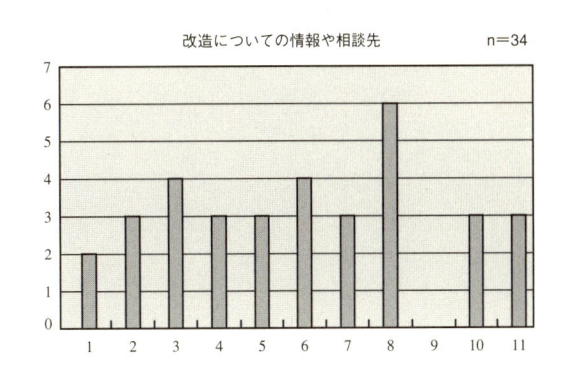

改造についての情報や相談先　n=34

1	更生相談所	6	なごや福祉プラザ
2	リハセン	7	福祉機器会社
3	生活の道具相談室	8	建築業者
4	JIA住まいの相談	9	社会福祉協議会
5	行政（1.保健所 2.福祉課 3.建築課）	10	福祉施設
		11	その他

上記の結果からは裏腹に、相談者は「友人・知人」11件が一番となっている。その後「建築士」9件、「施工者」6件となっている。
また、「リフォームヘルパーチーム」「保健婦」「訪問看護婦」「ケースワーカー」は0件である。

＊その他の意見（1件）
1）ボランティア

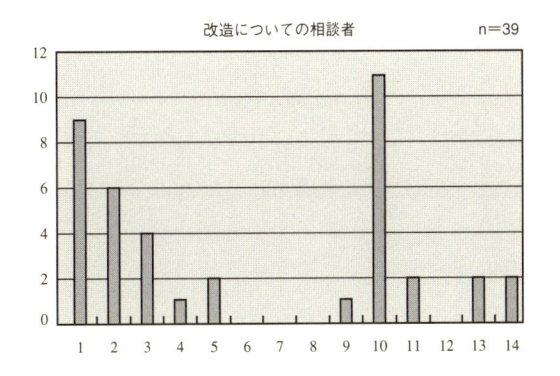

改造についての相談者　n=39

1	建築士	8	訪問看護婦
2	施工者	9	ホームヘルパー
3	施設職員	10	友達・知人
4	PT（理学療法士）	11	増改築相談員
5	OT（作業療法士）	12	ケースワーカー
6	リフォームヘルパーチーム	13	医師
7	保健婦	14	その他

4 改造が終わってからのことを思い出して下さい。当てはまる番号に○をつけて下さい。
完了時（直後）思い通りの住まいができましたか？（複数回答で）

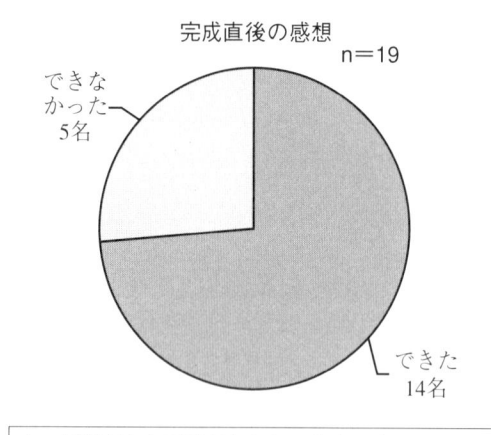

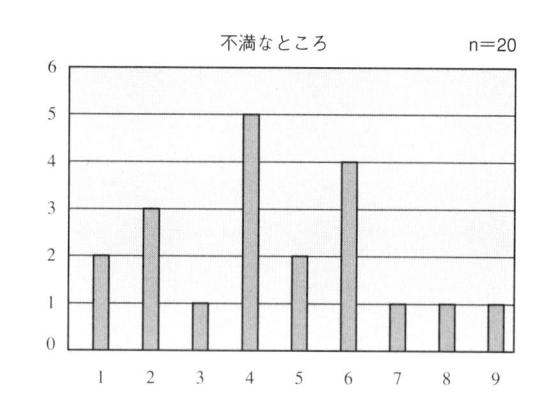

完成直後の感想　n＝19
できなかった　5名
できた　14名

不満なところ　n＝20

1	図面どおり工事がなされてなかった。	5	工事に時間がかかった。
2	工事は図面通りできたが、使ってみてうまく使えない箇所があった。	6	経済的な問題で計画を縮小せざるをえなかった。
3	工事は図面通りできたが、介助の軽減につながらなかった。	7	住宅改造の情報収集が不十分だった。
		8	自分にあう福祉用具が見つからなかった。
4	建築上の制限があり、思い通りの改造ができなかった。	9	設計者や施工者との意志疎通がうまくいかず、やりたいことがやれなかった。

　思い通り住まいができた方が14名、できなかった方が5名となった。
　さらにこの19名の中で不満なところでは、「建築上の制限があり、思い通り改造ができなかった」5件、「経済的な問題で計画を縮小せざるをえなかった」4件、「工事は図面通りできたが、使ってみてうまく使えない箇所があった」3件であった。

4-1) 意志疎通がうまくいかなかった人について理由も教えて下さい。

　意志疎通に関しては、「18名が問題ない」としている。ただし、この項目ではないとなっているが、他のデータから考えると「ない」とは言い切れないのではないか。

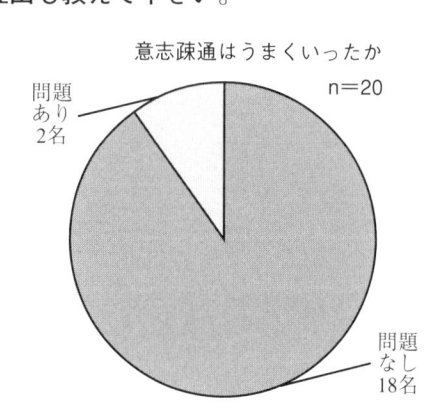

意志疎通はうまくいったか　n＝20
問題あり　2名
問題なし　18名

＊その他の意見（2／2件）
1）改造業者が余分なことをした、取付場所が異なってきた。
2）工事の事についてはうまく意志疎通できたが調査の段階で専門員との意志疎通がうまくいかなかった。

A　改造するまでの事についてあなたの満足度は？

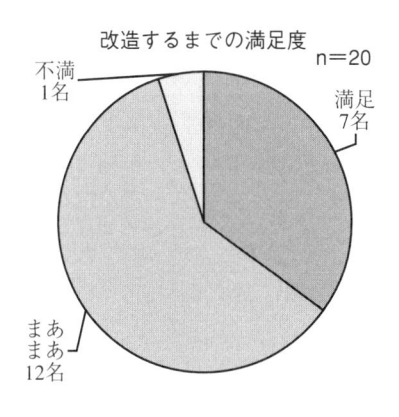

改造するまでの満足度　n=20
不満 1名
満足 7名
まあまあ 12名

満足度は、12名が「まあまあ」と言う結果になった。これは、すべてがうまくいったわけではなく、多少は問題が残っているが大丈夫という、意味であろう。

＊その他の意見（1／1件）
1）玄関のドアが自分で開けられないので外出が自由にできない。洗面台が使えない（手動車椅子で動けると思ったが間隔が狭く動けない。）

第2部　改造前のことについて

5　生活してみて、改造箇所で不便なところはありましたか？

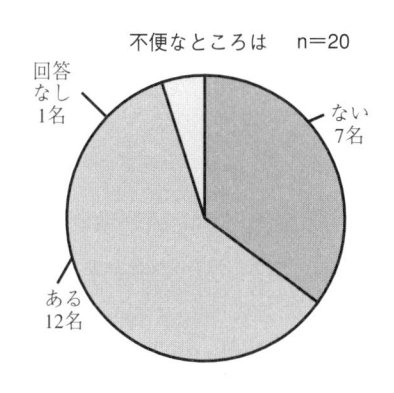

不便なところは　n=20
回答なし 1名
ない 7名
ある 12名

不便なところがある方が12名、ない方が7名であることがわかった。

※　不便な所はないのあると答えた12人の意見

A：すぐに直してもらった→有料

いつ	場所	理由	内容
すぐ	玄関の自動鍵	うまくかからなかった	—
すぐ	風呂	身長を考えていない（腹ばいになるため）	補う台を作る
すぐ	風呂の給湯器のスイッチ	ボランティアの使いやすい位置に替えた	—

A：すぐに直してもらった→無料

いつ	場所	理由	内容
1・2週間後	トイレ	方法を長く続けるにはえらい	
—	玄関の鍵	中から鍵が掛けにくい	当初は普通の鍵だったが内鍵にしてもらった
すぐ	玄関ドアのストッパー	うまく作動せずロックしたままリリースしなかった	—

A：すぐに直してもらった→制度を利用して直した

いつ	場所	理由	内容
すぐ	浴槽の手すりの位置	入りにくかったので追加した	メディケアのフォロー
半年前	浴室専用リフト	入浴できなくなった	―

A：すぐに直してもらった→自己資金で直した

いつ	場所	理由	内容
すぐ	玄関ドア取っ手	持ちにくくて開けれない	実費で紐をつけた

B：あきらめてそのままにしている

いつ	場所	理由	内容
	玄関	玄関が狭いからドアを閉める時に車椅子で前向きに入るとドアが閉められなかったので簡易手すりを持って身体を伸ばして閉めることが毎日大変だった	オートクローザーで30秒間開いてるようにしたが車椅子を入れるのに時間がかかってしまい結局使わなかった（手すりを使用）
すぐ	玄関のドア開閉	ときどき開かないことがある	
H11.3	物干し台	収納場所がないのでそこを収納場所にした	今後少しずつ改善する
―	レール	トイレに行く際レールにキャスターが引っ掛かる	そのまま
1,2週間後	風呂の手すり	移動する時にもう少し入口に近いものがほしかった	そのまま
―	風呂（3・4回使用後）	高さが合わなくて	―
―	浴室の雨漏り		―
―	ベランダにでれない	洗濯ものはヘルパーさん	―
―	ヒューズがとぶ	電子レンジ、乾燥機の両方を夕方に使うとき	そのまま
―	トレイのすきま風		―

B：あきらめてそのままにしている→建築上直せないので

いつ	場所	理由	内容
初めから	トイレ	場所が狭く改造もできない（車椅子では入れない）	―
―	玄関ドア	自分でドアが開けられないので自由に出れない	―
―	洗面台	狭くて使えない	―

B：あきらめてそのままにしている→→お金がないので

いつ	場所	理由	内容
すぐ	エアコンの場所（寝室）	居間にないので夏場は仕切りを外して送っている	―
―	玄関ドア	自分でドアが開けられないので自由に出れない	―
すぐ	玄関の照明スイッチ	生活動線上に付いていない（下過ぎる）	リモコンに変えた
―	洗面台	狭くて使えない	―

6 改造する必要はなかったことはありますか？

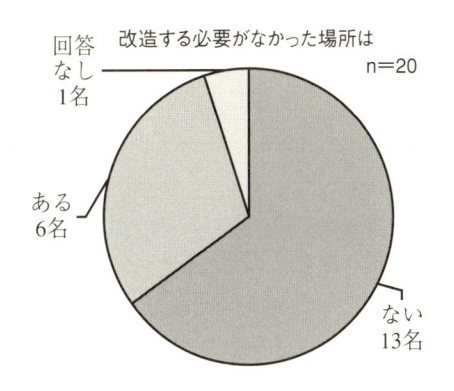

改造する必要がなかった場所は　n＝20
回答なし 1名
ある 6名
ない 13名

改造する必要はなかった方13名、必要あった方が6名であることがわかった。

※改造する必要のなかった場所があると答えた6人の意見

A：そのままにしてある

いつ	場所	理由	内容
―	壁のゴム（不必要な所まで貼ってある）	自分ではぶつからない所と思って指示していなかった	―
―	洗面台の蛇口レバー	自分でできる予定だったが使用不可	―
―	玄関の手すり	―	―
―	風呂、玄関、トイレの照明スイッチ	自分より介助の人が使いにくい（自分は足で使えるが）	スイッチの高さについて聞かれたことはあるが、位置については相談を受けなかった
ちょっとして	ベランダすのこ	あまりでることがない	―
―	風呂の台	―	―

B：現在相談中

いつ	場所	理由	内容
すぐ	道路側の窓	タンスがあり開閉できない	―
すぐ	トイレ収納スペース	スペースがない（建築上の問題）	―

7　改造前には必要と思ってなかったことや、生活してみて改造の必要が出てきた所はありますか？　その場所と理由も教えてください。

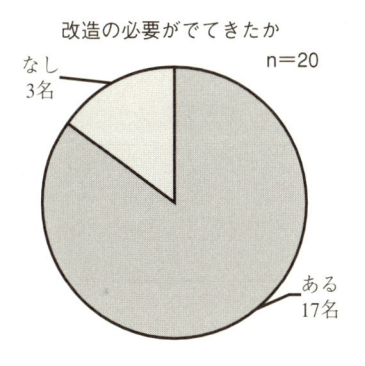

改造の必要がでてきたか　n＝20
なし 3名
ある 17名

改造の必要がでてきた方は17名、でなかった方は3名であることがわかった。

A：すぐに直してもらった→制度を利用して直した

いつ	場所	理由	内容
すぐ	キッチンと居室の段差	簡易スロープ	フォローアップで解決
すぐ	浴室の扉	玄関の車椅子が邪魔になるので扉の開閉の向きを変更	メディケアにすぐ対応

A：すぐに直してもらった→自己資金で直した

いつ	場所	理由	内容
半年～1年後	電力	30A・40Aにした	―
すぐ	トイレ	移動困難手すり追加	
―	玄関ドア	外から鍵をするのに時間がかかった（鍵を差し込むのが困難）	サマリアの業者さんに相談してリモコン（ボタン式）に変更
2ケ月頃	シャワールーム	寒いので暖房を入れた	―

B：あきらめてそのままにしている

いつ	場所	理由	内容
―	玄関ドア	ドアの鍵を自分で掛けられない（大家の許可不）	
すぐ	トイレの扉がない	ボランティアが利用する時に困る	そのままになっている
すぐ	エアコンのスイッチ	エアコンのスイッチが取り外しできると思っていたが固定されていた	なんとか無理してでも今はできる
―	風呂の出入り口	思ったより段差があり怖い	
ちょっとして	ベランダ側の押入れの手	自分では押入れを使わないと思っていたが使うので、開けにくい	

C：改造するまでもなく道具でカバーしている

いつ	場所	理由	内容
―	風呂	シャワーがついていない（大家の許可不）	自分の手作りシャワーを使っている
半年後	玄関スロープ	滑る	滑り止めを購入し貼った
ちょっとして	玄関の鍵	鍵をかけづらかったが、現在は車椅子の肘かけにリモコン装置がついているので楽になった	（電池の寿命注意）

D：現在相談中

いつ	場所	理由	内容
すぐ	道路側の窓	タンスがあり開閉できない	―
すぐ	トイレ収納スペース	スペースがない	―
現在	和室	車椅子での移動が困難だから（畳→板間）交渉中	

E：その他

いつ	場所	理由	内容
半年後	台所の入口	段差が3.5cm程あった→転ぶようになった	この頃より手足の動きが悪くなり首が悪くなる
半年後	トイレの入口	段差が3.5cm程あった→転ぶようになった	
―	トイレの出入り用台	―	
―	温水器の容量が小さい	―	
―	電気容量を大きくしたい	―	

8 住まいに関して道具の利用や工夫についてお尋ねします。現在どのような道具を利用していますか。

生活するあらゆる場所に工夫をこらしていることがよくわかる結果となった。特に「リモコンの類」13件「水道の蛇口類」12件が多い。

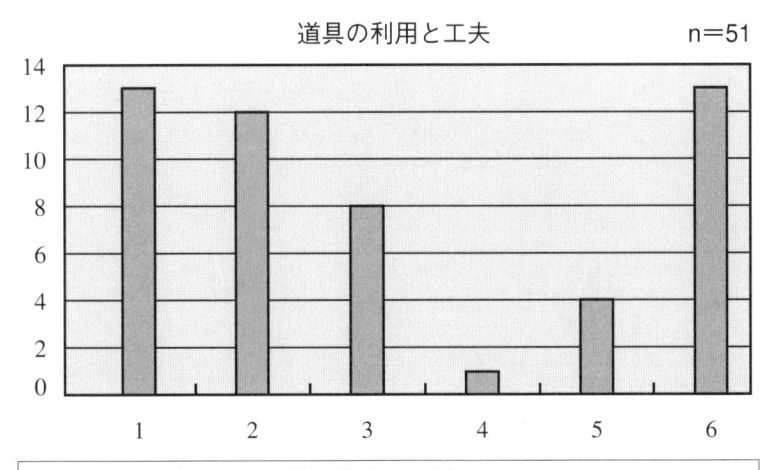

道具の利用と工夫　　　　　　　　n＝51

1 リモコンの類（ドアや環境制御装置など）
2 水道の蛇口類
3 ドアの取っ手類
4 EVのボタンを押すためのリーチャー
5 簡易手すり
6 その他

＊その他の意見〔13件〕

1) トイレの洗浄レバーにひも
2) サッシと敷居の段差解消板
3) 電動ブラインド
4) ドアの鍵
5) 特注の棚（パソコン台、回転TV台）
6) 室内の柱に手すりを付けた
7) キッチンの電気のひもを長くしてある
8) トイレウォシュレット
9) シャワー（洗濯時に使う水を汲み上げるもの＋ヘッド）
10) ポット（ボタンをまわせばお湯がでるもの）
11) 冷蔵庫
12) 洗濯機（ランドリー）
13) スイッチを下に下げコンセントを上げた

※具体的に利用・工夫しているもの（場所）

リモコンの類 （ドアや環境制御装置など）	水道の蛇口類	ドアの取っ手類	簡易手すり
1) 玄関の鍵 2) シャッター（リモコンタイプ） 3) ドア 4) リフト 5) 風呂（パネル式） 6) テレビ（3名） 7) 照明（2名） 8) エアコン（2名） 9) 扇風機	1) シャワー（2名） 2) 洗面へら 3) ハンガーを付ける 4) レバーハンドル 5) 自動水栓 6) キッチン	1) トイレ 2) 玄関（2名） 3) 玄関ドアクローザー 4) 紐をつける	1) トイレ 2) 風呂（2名） 3) 玄関（2名） 4) 台所

9 改造した箇所や生活する上で、気に入っている所、お勧めしたい、
　自慢したい所を教えてください。

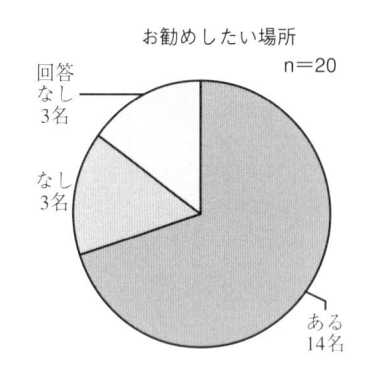

お勧めしたい場所　n=20
ある 14名
なし 3名
回答なし 3名

自分の気に入ってるところ、お勧め・自慢したいところがある方が14名、ない方が3名であることがわかった。
それぞれの思いが多く込められていることが14名の意見からわかる。

※あると答えた14人の意見

場所	理由
トイレ	広い
	内側に一つ壁をつくって手すりを取付けた（室内にネジ・クギの使用は駄目といわれたので）
	水洗リモコン・使いやすい
玄関	出入りが非常に楽になった
	シャッターにして三輪車の出し入れが便利（リモコンでなければ意味がない）
	自動ドア（3名）
玄関スロープ	入りやすい
	スロープ・外部踊り場
浴室	洗い場と浴槽が同じ高さにした
	広い
	リフター
	手すりを取付けたことで入りやすくなった
	シャワーの高さが調節できる
居室と廊下の境	段差が多くあったので畳みを敷いて更にじゅうたんを敷いて柔らかくした
リフト（ベッド・浴室・トイレ）	自分と介助者の負担が少なくて済むと所
床	フローリング
	フローリングだったが、下地を換えカーペットは貼った（敷居の部分も全て一面に）
三畳からフローリング	冷蔵庫等がおける、車椅子の友人が来たとき4人は入れる
	電動の重さに耐えられることができる（90kg）
ベランダ	土間で段差があった所をすのこばりにし広くした。
	雨の日でも大丈夫なように屋根（ひさし）も取付けた
庭	自分で洗濯機、乾燥機を使える
棚	中段をスライド型にして出しやすくした
壁	―
机	足を付けて少し高くした
冷蔵庫	左開き

B　リフォームされた住まいで、実際の生活をしたあなたの満足度は？
　　2名複数回答（まあまあ・不満で）

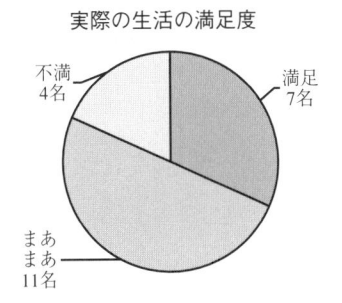

実際の生活の満足度
不満 4名
満足 7名
まあまあ 11名

満足度は、11名が「まあまあ」と言う結果になった。これは、すべてがうまくいったわけではなく、多少は問題が残っているが大丈夫という、意味であろう。但し、不満である方が増えている。（A1名→B4名）

第3部：改造後の生活やこれから改造する人へ参考になることについてお尋ねします

10　前の住まいと比べて、改造した住まいでの生活はどう変わりましたか？（複数回答OK）

「精神的に楽になった」11件、「一人の時間が持てるようになった」11件、「近所の人が声をかけてくれるようになった」11件、「近所の人に自分から声をかけるようになった」10件、「施設や自宅にいた頃、重度の障害があるからこういう生活ができるとは思っていなかった」10件、「ひとりでできることが増えた」9件、「生活時間にメリハリができた」9件、が上位に上げられ、「自分の空間・時間を持つ、すばらしさ」が結果より、よくわかる。

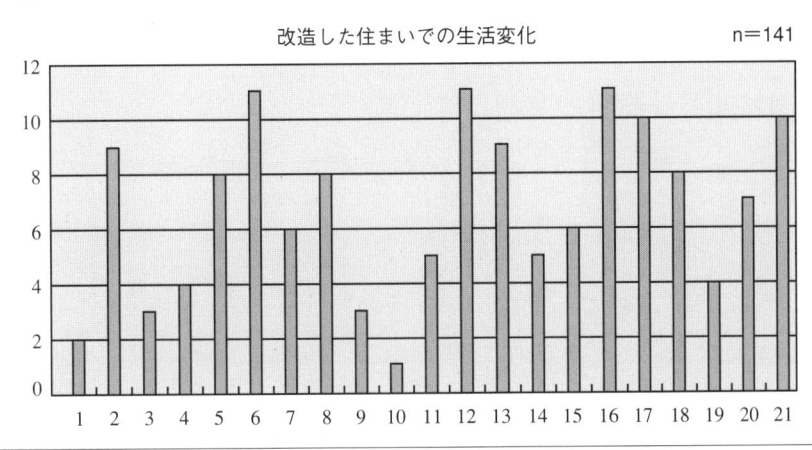

改造した住まいでの生活変化　　　　n＝141

1　変わらない	13　生活時間にメリハリができた
2　ひとりでできることが増えた	14　仕事ができるようになった、仕事が増えた
3　頼まなくて自由に外へ出られるようになった	15　地域とのつながりができた
4　介助量が減った	16　近所の人が声をかけてくるようになった
5　介助の人が介助をしやすくなった	17　近所の人に自分から声をかけるようになった
6　精神的に楽になった	18　近所の店などが変わってきた
7　好きな時に外出しやすくなった	19　安全になった
8　友達が来やすくなった	20　日常生活の大変さよりも自分の時間を持つことの大切さを感じるようになった。
9　趣味活動の時間が増えた	21　施設や自宅にいた頃、重度の障害があるからこういう生活ができるとは思っていなかった
10　家事時間が短縮された	
11　家族の介入が少なくなった	
12　一人の時間が持てるようになった	

その他の意見（5件）
1）出かける時は一人でここから電動車椅子に乗って今池まで買い物に行けるようになった。
　　（地下鉄は段差があるので使えない）
2）前は一人で動くことができなかったが一人で動けるようになった。
3）身体の具合はよい。サマリアでは車椅子に座りっぱなしだったが、今は車椅子を降りて自分で動くようになった。
4）仕事をするようになったこともあり逆に一人の時間が少なくなった。ボランティア等の人を集める努力をした。
5）行動範囲も交友関係も広くなった。

※　変わらないと回答した2名の理由
　　前サマリアハウスにいたのであまり変わらない（2名）

11　改造前の居住体験で、改造や生活に役立ったことがありましたか？
　　居住体験は役立った方が17名、よくわからない・体験ないの方が2名となった。
　　居住体験とは、実際に生活空間が参考になったか？の問に「住宅改造の相談にのってくれる人がいた」14件「住宅改造に一緒に動いてくれる人がいた」13件「ボランティアとの関係がつくれた」12件が上位を占めており、人との関係・つながり・心の支え（安心感）を求めていることがわかった。

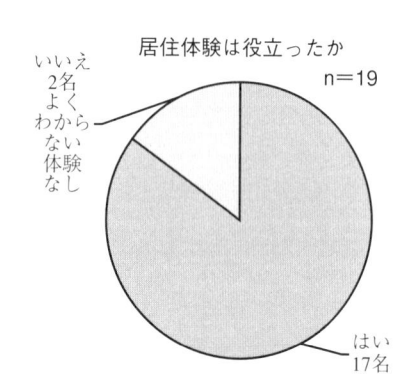

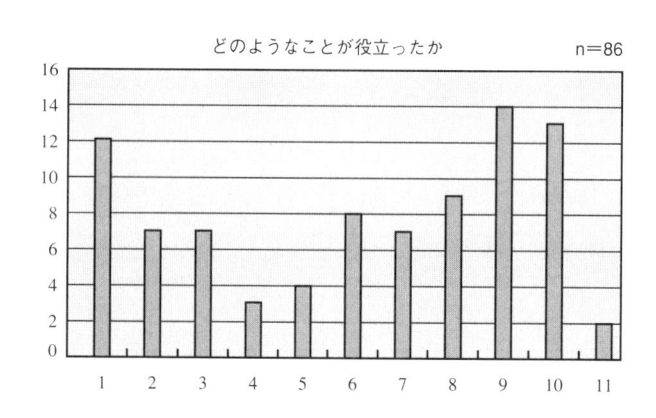

居住体験は役立ったか　n=19
　いいえ　2名
　よくわからない　体験なし
　はい　17名

どのようなことが役立ったか　n=86

1	ボランティアとの関係がつくれた	7	道具の工夫が参考になった
2	浴室（リフター、構造）の構造が参考になった	8	住宅改造の情報が多くあった
3	トイレの構造が参考になった	9	住宅改造の相談にのってくれる人がいた
4	居室の構造が参考になった	10	住宅改造に一緒に動いてくれる人がいた
5	自立生活の体験室の配置が参考になった	11	その他
6	自立生活体験室の生活が参考になった		

＊その他の意見（2件）
1）先輩の生活や話を聞く機会があった（風呂トイレ）
2）ボランティアの募集の仕方はサマリアで教わった

12　あなたにとって住まいやリフォームとは、どんなことですか？
　※17名の意見
　1）部屋の中で気楽にできること。
　2）生活基盤の場所。
　3）自分自身行動して生活範囲を広げる。又どんな人でも生活の介助ができる空間をつくること。（男女差、力の有無に関らず）
　4）自分の障害に合ったように改造できる。
　5）家は自分らしい生活のできる基礎、器なので大切なこと、リフォームをしないわけにはいかないものだ。
　6）家族と居るとやっぱり気を使う。私の場合介護者が弟の嫁で自分の妹だった。
　　　いい人だけどやはり気を使う。
　　　生活する上で不可欠なもの。自由に動ける、遊べる、精神的に楽になった。
　7）自分が住みやすくなるため。
　8）ゆっくりできること。
　9）快適に暮らす工夫をすること。
　10）安心できる場所・集団生活のルール・束縛から解放。
　11）自分にとって1番落ち着ける場所であり、生活しやすい環境にしていくもの。
　12）自分の空間が持てる。自由な生活ができる。
　13）車椅子でも自由に動くことができる住居つくり。
　14）自分にあった使い勝手のよい改造。（居住場所で実家より今の所が動きやすい）
　15）生活を豊かにする事ができる。
　16）一個人として活動するの必要な拠点。
　17）生活しやすくすること。それによって自由な時間を増やすこと。

13　現在の住宅改造などの制度について、何か要望がありますか？
　※16名の意見
　1）手続きが大変。
　2）自身の生活上に於いて最小不可欠な事柄に於いては全額行政の負担でやって下さい。
　　　（それができないならば希望者全員市営住宅障害者用に入れて下さい）
　3）障害が重くなった時、改造したい時に助成金を出してほしい。
　4）障害に合った助成金を出してほしい。
　5）改造費の申請時間を短縮してほしい。（申請して3ヶ月）
　6）全額的に満足。期間がもっと早く手続き等が終わればいい。（2ヶ月家賃を捨てたようなもの）
　7）市町村で助成金が降りる額の差があり過ぎる。（もっと多くしてほしい）
　8）難しいけどもっと補助金を出してほしい。
　9）介護保険・助成金の減額について不満最低は現状維持でしてほしい。
　10）もっと額を増々してほしい。（本人にとって当たり前に生活できるよう）
　11）手続きに関して期間が長いのでこれからをスムーズに進めてほしい。

12）あと50万円ほしい!!訪問調査に来る人でよくわかっていない人がいる。こういう人は辞めろ！もしくは勉強しろ！
13）市営・県営住宅の制度を緩めてもらいたい。（抽選でもいいから単身でも入れてほしい）
14）助成金の増額100万円１回では少ない充分な改造ができない。
15）助成金補助の増額。手続きの期間を短くしてほしい。
16）申請に時間がかかった。書類をもう少し早くまわしてほしい。

14　住宅相談窓口、建築士、施工者、PT、OT、CW等住宅改造に関わる専門家に要望がありますか？

※14名の意見
1）住宅相談窓口と不動産屋との連携がなければ不安です。（何カ所か提案してくれればよい）
2）本人がどんな生活を望んでいるかをよく聞いてほしい。
3）建築士はもっと良心的にやってほしい。
4）よく、自分は相談にのってもらえたと思う。
5）リハセンの担当者の対応をもう少し早くしてほしい。（申請して来てくれたのが３週間後）
6）改造してある機器の様子や展示ものは見たほうがいい。一度使ってみる。パンフレットだけでなく、建物をみること。
7）ちゃんと話を聞いてほしい。やりっ放しにしないでほしい。
　　（リフト点検アフターサービスがなかった）
8）本人の言うことをしっかり聞いてほしい。
9）できるだけ本人にわかりやすく説明してほしい。（未経験なのでわからない・今だったらわかる）
10）改造した後、復旧するのに責任をとらないよと言われた。わかっているのでほっといてくれ。
11）初めにリハセンに相談したら話がどんどん大きくなりそうだったので辞めた。
12）やらなければいけないような気になってしまう。
13）個々に状況が違うのでその立場にたって考えてほしい。どうしたらできるのか考えてもらえるとよい。
13）自分の話をよく聞いてほしい。
14）利用者の意見を最大限に取り入れてほしい。（あるものからつくるのではなくて）

15　これから改造を考えている人に何かアドバイスをお願いします。

※16名の意見
1）原状回復の事も考えて改造してほしい。

2）信頼できる施工業者とのつながりを持ち物件があってもその業者との相談を経てから契約して下さい。
3）何をしたいかどういう生活がしたいかをよく考えて、それが基本となる障害が重度化することも考えながら改造した方がいい。
4）自分の障害に合ったようにしてほしい、地域で暮らしている人の家をたくさん見学してほしい。（自分で情報を集めてほしい）
5）住んでみないとわからないが、細かい所に気をくばるようにしたほうがいい。
6）自分も介助者も便利なように改造するべき。
7）お金の面でも自己負担があってもやることはやっておいた方がいい。
　　自分の動きや、改造やってもらいたいことをはっきりと伝える。
8）一度やってもらった後、一生やれないことがあるから、やる所はやった方がいい。
　　関わってくれた人が更新等かけあってくれたのでどうしても困っていることがあれば、言った方がいい。
9）一人で家から出たほうがよい→でられるような改造をしてほしい。
10）安全第一（火の元・怪我をしないよう）を考えてほしい（サマリアにいる時は考えなかった）。
11）自分が生活しやすいように改造していくことが1番大切だと思う。
12）やってみないとわからない。やってみる価値はある。
13）あまり頑丈につくり過ぎると修理や元に戻すとき困ってしまう。
　　自分で生活しやすく改造するのが一番。
14）自宅の見学OKです。いつでも見て参考にしてほしい。
15）改造前にカタログ等しっかり見るとよい。手すり等水まわりの小物類等できたら現物の見本等を見せてもらうとなおよくわかる。
16）技術的に不可能なことはあり得ないので妥協せず自分にあったものをつくってほしい。
17）展示場（福祉機器や道具について）などに行き、実物を見て確かめてみる。

16　将来の夢、したいこと等お持ちでしたら、教えて下さい。

※17名の意見
1）ここで二人で一緒に住みたい。（今は一人で寂しいから）
2）恥ずかしくて言えない。
3）素敵なパートナーを見つけたい。
4）自分所有の土地で新しい自分の設計による伸び伸びした家を建てたい。
5）目標としては生活を実現できたので次は社会の為に何かできることをして返していきたい、後に続く障害者の為にも!!
6）結婚したい、仕事を大きくしたい。

7）あまり考えたことはない。
8）所帯を持ちたい。奥さんがほしい。
9）名古屋にいく。二人の生活で介助者をいれない生活をしたい。
10）家で誰かにパソコンを教えたい。
11）公営住宅等に入居して快適に暮らしたい。
AJUの法人で一人暮らしのアパート・マンション建てたらいいな。
12）福祉機器を知って人々に知らせる仕事をしたい。
13）借家ではなく自分自身の家が持ちたい。
14）HPを完成させたい！一人でハワイ・台湾へいってから海外の良さ（建物・人の心せるさ・出会い・車椅子での過ごしやすさ）を知り、海外でなくてもいいから旅行にいきたい。
15）自動車運転免許を取得したい。（ジョイスッティクカー）
16）まだ、施設にいる人達が外に自由にでられるとか自分の経験を活かした相談員みたいなことがやりたい。
17）仕事をもっと軌道乗せたい。長野にバリアフリーログハウスを建てたい。

17　最後にいい足りなかったこと、これだけは言いたいことを教えてください。

※8名の意見

1）改造するということは殆ど未知の世界です。転移を考えるならまず人間関係をつくることが一番です。（施工業者を含めて）
2）現状の生活維持するために身体機能面のサポートがほしい。
3）1ヵ月で家を見つけたのは早い方。だけどここの大家さんはいいけれど、一度いいところまでいって障害者はダメと断られてたことがある。ここが借りれたのは運がよかった。次の心配、アパート貸家の大家さんがもう少し理解してくれたら。心配は火の用心とかだと思う。
4）親に負けないように。
5）施設ではなく、地域で暮らしている人になってほしい。住まいは探しは大変だった。
6）意識の差を変えてほしい。介護機器（住宅）を揃えることで普通の生活のスタートラインに立つ。アパートを探す為、40軒ほどまわったが思った以上に大変だった。
7）24時間型の介助制度をできるだけ早くつくって欲しい。アンケート調査結果は必ず報告して欲しい。
8）後は自分に合わせて道具(家具など等の電化製品)をいかに使いやすいものにするか。

人にやさしい住まいの改善　評価表基礎資料　　　作成者

氏名	（男・女）　　歳	高齢	◇虚弱◇痴呆◇寝たきり◇
住所　連絡先		障害	◇肢体◇視覚◇聴覚◇言語◇
暮らし	◇一人◇夫婦◇家族　人◇グループ	障害手帳　種　級　障害名〔　　　〕	
介助者	◇無◇配偶者◇親◇子供・配偶者◇ヘルパー	疾患状況	
移動動作	外　◇歩く(独・伝・杖・歩行器)◇車椅子(手動自・手動介・電動・足動)◇自動車(有・無)◇		
	内　◇歩く(独・伝・杖・歩行器)◇這う(ひざたち・四つ這い・とんび座位・長座位・葡萄)◇車椅子(手動自・手動介・電動・足動)		
生活動作	◇起居(全介・半介・自)◇食事(全介・半介・自)◇更衣(全介・半介・自)◇整容(全介・半介・自)◇排泄(全介・半介・自)		
	◇入浴（全介・半介・自）◇外出（全介・半介・自）◇仕事		
住まい状況　　築　　年　　生活　　年		環境	◇住宅街◇団地◇商店街◇
形態　□持家　◇戸建て◇集合◇共同（GH）		構造	◇木◇鉄筋◇コンクリート(在来・枠組・プレアップ)
□賃貸　◇アパート◇マンション(民・公・社宅　)		居室　　　　階建の　　階の　　畳に居住	
◇借家・間◇グループホーム◇		エレベーター　◇有（外・内）◇無	
利用制度	◇ヘルパー◇デイサービス◇入浴サービス◇ショートステイ◇訪問看護◇在宅介護◇通院◇リフォーム助成		
	◇生活用具(浴槽・湯沸器・釜・担架・便器・特殊便器・入浴補助・歩行支援・リフト・車椅子・特殊寝台・特殊マット・　)		
改善内容　●改善項目　　◎要望・提案項目　　■改善詳細図添付			
費用　◇リフォーム助成　　万◇障害者住宅整備貸付　　　万◇融資（公・民）　　　万			
箇所　◇生活用具(浴槽・湯沸器・釜・担架・便器・特殊便器・入浴補助・歩行支援・リフト・車椅子・特殊寝台)　総工事費用　万			

□アプローチ	【○段差(手摺・用具・スロープ)○広さ・距離○仕上(床・庇)○エレベーター○設備(ポスト・L・IH)　　　　】
□玄関	【○扉(幅・錠・開閉・段差)○広さ○仕上○上框(手摺・腰掛・用具)○収納○設備(L・S・C・A)　　　　】
□廊下	【○広さ(幅・回転)○仕上(床・腰)○移動(手摺・スロープ・用具)○設備(L・S)○　　　　】
□階段	【○広さ(幅・勾配・滑り止・踊場)○手摺○昇降機○エレベーター○設備(L・S・C・A)○　　　　】
□LD・K	【○扉・窓(幅・開閉・段差)○広さ(接客)○仕上○設備(S・C・AC・TV・IH)○食事(食卓・食器)　　　　】
	【広さ・距離○キッチン(高さ・椅子使用・水栓・コンロ・換気S・収納・用具・レンジ・S・C)○収納(戸棚・冷蔵庫)　　　】
□トイレ	【○位置○扉・窓(幅・開閉・段差)○広さ(手摺・用具)○仕上(床・腰)○設備(S・C・A・H・F)　　　　】
	【大便器(高さ・洗浄・操作)○小便器(高さ・洗浄・操作)○移乗(手摺・用具)○手洗(高さ・水栓・手拭)　　　】
□洗面整容	【○扉(幅・開閉・段差)○広さ○洗面器(高さ・手摺・椅子使用・水栓・鏡・収納・手拭)○設備(L・S・C)　　　】
□脱衣室	【○扉・窓(幅・開閉・段差)○広さ○仕上(床・腰)○更衣(手摺・腰掛・用具・収納)○設備(A・H・F)　　　】
□浴室〔UB〕	【○位置○扉・窓(幅・開閉・段差)○洗い場(広さ・仕上・手摺・用具)○水栓(高さ・ハンドル・シャワー)　　　】
	【○浴槽(高さ・深さ・広さ・水栓・排水・給湯器)○移動(手摺・腰掛・用具)○設備(S・A・H・F)○　　　】
□居住室	【○扉・窓(幅・開閉・段差)○広さ○仕上○収納○設備(L・S・C・A・IH・TEL・TV・AC・F)　　　】
	【寝具(布団・ベッド)○移動(手摺・腰掛・用具)○更衣(手摺・腰掛・用具)○仕事(設備・用具・収納・)　　　】
□家事	【○掃除(ゴミ出し・用具・C)○洗濯(洗濯機・水栓・物干し・乾燥機)○管理(メーター・分電盤・情報・緊急時・防犯)　】
□バルコニー・外	【○扉(幅・錠・開閉・段差)○広さ○仕上○設備○カーポート(広さ・段差・位置・庇・設備)○　　　　】
□その他	【○　　　】

凡例L～照明器具S～機器スイッチC～コンセントA～呼び出し装置IH～インタホン　TEL～電話TV～テレビAC～エアコンH～暖房F～換気扇

改善期間	□相談開始日　　　　　　□チーム訪問日　　　　　　□工事期間　　　～
改善条件	□承認書(有・無)　□退去時原状復旧(改善者負担・所有者負担)　□共有部改善不可　□無し

関係者　◇本人◇家族◇ヘルパー◇介護福祉士◇保健婦◇看護士◇作業療法士◇理学療法士◇建築設計士◇工事施工者◇専門技術者
◆主相談者　◇行政リフォームチーム◇ケアマネジャー◇社会福祉協議会◇病院◇メーカー(福祉機器・設備機器・建材)◇その他
感想

リフォーム部会：聞き取り表

第1部：改造前のことについて
　　　住宅改造するまでのことを思い出してください。当てはまるところ○をつけてください。
　　　複数回答の質問や記述もありますのでお願いします。

1．改造するにあたって、最優先に考えたことはどんなことですか？
　　2つ選んで順をつけてください。
　□できるだけ自分でできるように工夫したい。
　□介助者が介助しやすいようにしたい。（ヘルパーさん達）
　□家族の介助負担を減らしたい。
　□数年先の自分の生活を想像して、自宅や地域での生活が長く続けられるように工夫したい。
　□助成金の範囲内でおさめたい。
　□その他（　　　　　　　　　　　　　　　　　　　　　　　　）
　　　　　（　　　　　　　　　　　　　　　　　　　　　　　　）

2．設計までに困ったことはどんなことでしたか。
　　当てはまるものすべてに○をつけてください。
　□誰に（どこに）相談していいかわからなかった。
　□どうなっていれば自分にとっていい環境になるか、イメージがわかなかった。
　□どこまで改造の範囲でできるかわからなかった。
　□専門の言葉の意味が分からなかった。
　□大家さん管理者が改造になかなか了解してくれなかった。（・一部・共用部分など）
　□経済的な問題。経済面で思うようにならなかった。
　□制度がわかりにくく、申請に手間取った。
　□申請から工事までの時間がかかった。
　□その他（　　　　　　　　　　　　　　　　　　　　　　　　）
　　　　　（　　　　　　　　　　　　　　　　　　　　　　　　）

3．改造するにあたって、情報や相談はどこのだれにしましたか？
　　番号に○をつけてください。（複数回答で）
　どこ　1　更生相談所　　2　リハセン　　3　生活の道具相談室　　4　JIA住まいの相談
　　　　5　行政（①　保健所　②　福祉課　③　建築課）　6　なごや福祉プラザ
　　　　7　福祉機器会社　8　建築業者　9　社会福祉協議会　10　福祉施設
　　　　11　その他
　だれ　1　建築士　2　施工者　3　施設職員　4　PT（理学療法士）
　　　　5　OT（作業療法士）　6　リフォームヘルパーチーム　7　保健婦
　　　　8　訪問看護婦　9　ホームヘルパー　10　友達・知人　11　増改築相談員
　　　　12　ケースワーカー　　13　医師　　14　その他

4．改造が終わってからのことを思い出して下さい。当てはまる番号に○をつけてください。
　　（複数回答で）
　完了時（直後）に思い通りの住まいができましたか？

1　はい　　2　いいえ
　　　　　1　図面どおり工事がなされてなかった。
　　　　　2　工事は図面どおりできたが、使ってみたらうまく使えない箇所があった。
　　　　　3　工事は図面どおりできたが、介助の軽減につながらなかった。
　　　　　4　建築上の制限があり、思いどおりの改造ができなかった。
　　　　　5　工事に時間がかかった。
　　　　　6　経済的な問題で計画を縮小せざるをえなかった。
　　　　　7　住宅改造の情報収集が不十分だった。
　　　　　8　自分にあう福祉用具が見つからなかった。
　　　　　9　設計者や施工者との意志疎通がうまくいかず、やりたいことがやれなかった。

4-1) 意志疎通がうまくいかなかった人について、番号に○をつけてください。
　　　理由も教えてください。
　　1　自分の意見を伝えきれなかった。（理由　　　　　　　　　　　　　　　　　）
　　2　相手が自分の意見を聞いてくれなかった。（理由　　　　　　　　　　　　　）
　　3　お互いが十分話せなかった。（理由　　　　　　　　　　　　　　　　　　　）
　　4　相手が専門家だと思うと、自分の意見を言えなかった。
　　5　専門用語など理解できず、わからないまま話が進んでしまった。
　　6　その他（　　　　　　　　　　　　　　　　　　　　　　　　　　　　　　）
　　　　　　（　　　　　　　　　　　　　　　　　　　　　　　　　　　　　　）

A　改造するまでのことについてあなたの満足度は？
　　1　満足　　2　まあまあ　　3　不満足（理由　　　　　　　　　　　　　　　）

第2部：改造後について、実際に住み始めてからの生活を思い出してください。
5．生活してみて、改造箇所で不便なところはありましたか？
　　どう対応したかについては、下のA〜Dの中から選んで記号か番号を書いてください。
　　・ない
　　・あった（いつ頃　　　　　　場所　　　　　　理由　　　　　　　　　　　　）
　　　どう対応したか？
　　・あった（いつ頃　　　　　　場所　　　　　　理由　　　　　　　　　　　　）
　　　どう対応したか？

```
　A　すぐに直してもらった。　　　　　B　あきらめてそのままにしている。
　　①　有料　　②　無料　　　　　　　　①　建築上直せないので
　　③　制度を利用して直した。　　　　　②　制度では直せないといわれて
　　④　自己資金で直した　　　　　　　　③　金がないので
　C　改造するまでもなく、道具や物（EX、台など）を置いて対応している。
　D　現在、相談中である。
```

6．改造する必要はなかったことはありましたか？
　　どう対応したかについては、上のA〜Dの中から選んで記号か番号で書いて下さい。
　　・ない
　　・あった（いつ頃　　　　　　場所　　　　　　理由　　　　　　　　　　　　）

どう対応したか？
　　・あった（いつ頃　　　場所　　　　理由　　　　　　　　　　　　　）
　　　どう対応したか？

7．改造前には必要とは思ってなかったことや、生活してみて改造の必要が出てきたところはありますか？　その場所と理由も教えてください。
　　・ある（いつ頃　　　場所　　　理由　　　）
　　　どう対応したか？
　　・ある（いつ頃　　　場所　　　理由　　　）
　　　どう対応したか？

8．住まいに関して道具の利用や工夫についておたずねします。
　　現在どのような道具を利用していますか。
　　1　リモコンの類（ドアや環境制御装置など）　　2　水道の蛇口類　　3　ドアの取っ手類
　　4　EVのボタンを押すためのリーチャー　　5　簡易手すり
　　6　その他（　　　　　　　　　　　　　　　　　　　　　　　　　　）
　　　　　　（　　　　　　　　　　　　　　　　　　　　　　　　　　）
　　　　　　（　　　　　　　　　　　　　　　　　　　　　　　　　　）

9．改造した箇所や生活する上で、気に入ったところ、おすすめしたい、自慢したいところを教えてください。
　　・場所　　　　　　　　　理由
　　・場所　　　　　　　　　理由
　　・場所　　　　　　　　　理由
　　・場所　　　　　　　　　理由

B　リフォームされた住まいで、実際の生活をしたあなたの満足度は？
　　1　満足　　　2　まあまあ　　　3　不満足（理由　　　　　　　　　　　　　　）

第3部：改造後の生活やこれから改造する人への参考になることについておたずねします。

10．前の住まいと比べて、改造した住まいでの生活はどう変わりましたか？（複数回答OK）
　　1　変わらない。（理由　　　　　　　　　　　　　　　　　　　　　　　　　　）
　　2　ひとりでできることが増えた。　　3　頼まなくても自由に外へ出られるようになった。
　　4　介助量が減った。　　　　　　　　5　介助の人が介助をしやすくなった。
　　6　精神的に楽になった　　　　　　　7　好きなときに外出しやすくなった。
　　8　友達が来やすくなった　　　　　　9　趣味活動の時間は増えた。
　　10　家事時間が短縮された。　　　　11　家族の介入が少なくなった。
　　12　一人の時間が持てるようになった。　13　生活時間にメリハリができた。
　　14　仕事ができるようになった、仕事が増えた。　　15　地域とのつながりができた。
　　16　近所の人が声をかけてくれるようになった。
　　17　近所の人に自分から声をかけるようになった。
　　18　近所の店などが変わってきた。　　19　安全になった。

20　日常生活の大変さよりも、自分の時間を持つことの大切さを感じるようになった。
　　21　施設や自宅にいた頃、重度の障害があるから、こういう生活ができるとは思っていなかった。
　　22　その他（　　　　　　　　　　　　　　　　　　　　　　　　　　　　）
　　　　　（　　　　　　　　　　　　　　　　　　　　　　　　　　　　　　）

11．改造前の居住体験で、改造や生活に役立ったことがありますか。
　　1　はい
　　　　1　ボランティアとの関係がつくれた。
　　　　2　浴室（リフター、構造）が参考になった。
　　　　3　トイレの構造が参考になった。　　4　居室の構造が参考になった。
　　　　5　自立生活体験室の配置が参考になった。
　　　　6　自立生活体験室の生活が参考になった。
　　　　7　道具の工夫が参考になった。　　8　住宅改造の情報が多くあった。
　　　　9　住宅改造の相談にのってくれる人がいた。
　　　　10　住宅改造にいっしょに動いてくれる人がいた。
　　　　11　その他（　　　　　　　　　　　　　　　　　　　　　　　　）
　　　　　　　　（　　　　　　　　　　　　　　　　　　　　　　　　　）
　　2　いいえ

12　あなたにとってすまいやリフォームとは、どんなことですか？

13　現在の住宅改造などの制度について、何か要望がありますか？

14　住宅相談窓口、建築士、施工者、PT、OT、CW等住宅改造に関わる専門家に、何か要望がありますか？

15　これから改造を考えてる人に何かアドバイスをお願いします。

16　将来の夢、したいこと等お持ちでしたら、教えてください。

17　最後にいい足りなかったこと、これだけは言いたいことを教えて下さい。

　　　　　　　　　　　　　　　　　　　　　　　ご協力ありがとうございました。

わたしの住まいができるまで

編集　鈴木さよ

身体に障害があるから施設にいるほうがいいと言われ、長い間施設しかないと思って入所していた私。でも、規則に縛られた自由のない生活の中でいろいろな想いが徐々に積み重ねられていった。
　お化粧をしたいとか、ボタンのある洋服を着たいとかおしゃれを楽しみたいって思っちゃいけないの？友達と映画を観にいきたいとかおしゃれなレストランで食事を楽しみたいって思うのはわがままなの？障害がある人はいろんなことをあきらめることが当然のことなの？親が亡くなった後の私の生活はどうなるの？もっとあたり前に地域で自由に生活する術はないの？私の人生はこのままずっとここの中でしかないの？
　そんな事を漠然と思っていたある時、知り合いからAJU自立の家のことを聞いた。もしかしたら、私も地域で生活できるようになれるかもしれないとの想いから、4年間の期限つきの福祉ホームに入居した。そこでは、自分の生活を自分で考え、組み立て、行動し、責任をとること、介助者も自分で見つけること、何より主体性をもって生きてゆくことを学んだ。そして、いよいよ、ホームを出て地域で自立生活を始める時が来た！！

　物件を探す前に自分なりの条件を掲げてみよう。
　　・最寄りの駅より○分以内
　　・スーパー、病院の近く
　　・家賃はいくら以内
　　・災害時の安全性　　など

家（部屋）探し開始

　駅前においてある無料の賃貸ニュースや本屋にある雑誌に目を通し、
　自分の希望する地域の家賃、敷金の情報を得る。
　どこに不動産屋さんがあるかもそれでわかる。
　ホームページなども活用しよう。

でも心細いなぁ…

　こんな時、一緒に探してくれる人がいるといいよね。
　日頃から信頼できる人間関係を
　築いていくことはとても大切。

すでに地域で生活している、同じような障害のある人たちからの紹介や情報も結構あるので事前に相談するべし。
一緒に不動産屋さんへ行ってもらうのもいい。

> 1ヶ月探し続けているけど、
> 障害があるからと断られてばかり…。
> なかなか見つからない……。

不動産屋さん、大家さんの不安を事前に
想定して不安をとり除く工夫もしよう。
たとえば、介助は制度で保障されている、
電磁調理器を使うなどの説明をする。

不動産屋さんは車いすで入れないところが
多いので、FAXで連絡を待つ人が多いが、
ただ待っていては連絡はこない。
何度も自分から連絡をしよう。
あきらめずに行動していくことが大切。

問題提起
障害者に供給する賃貸住宅はかなり少ないのが現状で、物件探しに半年から1年かかる実状。一番の要因は、貸し主側の障害者への賃貸の消極さである。万が一の事があると…とよく言われるが、調査の結果では、障害者だからといって家賃の滞納や火災事故といった想定されるような問題は起きていないことに目を向けてほしい。

提　案
行政として供給の少なさを少しでも補うためにも、公営住宅が全面バリアフリー居室となることを望む。さらに供給促進のために、障害者、高齢者対象の家賃収入に対する減税措置を提案したい。

> どの物件も絶対に改造が必要になると思うけれど
> どこまで改造可能なのかな。

日頃から自分にとってどうなっていたら
生活しやすいかをイメージしていくことも必要。
和式トイレや玄関の段差などをみてあきらめないこと。
物件探しの前からどこまでいくらぐらいでリフォーム可能か
住宅リフォームの知識も少しずつ身につけよう。
人任せでは、いいリフォームは期待できない。

問題提起
車いすを使用している人にとって、物件探しは不動産屋さんの入口に段があって中に入ることが難しかったり、目あての物件を見にいくための交通の便が悪い、など物理的に非常に困難。

提案
不動産屋さんにも人・街条例に即したバリアフリー的な建築適用を求める。また、家探し仲介業者や車いす仕様の賃貸物件（高齢者も含む）のガイドブックなど情報網の充実を望む。

不動産屋さんから
「退去時は現状復帰でお願いします」と言われた。
それってどういうこと？

要望
多くの賃貸物件が借りた時のままの状態に戻して退去する（現状復帰）が条件となっている。しかし、障害者が住み良いように改造する場合、和式トイレを洋式に、手すり・給湯器の取り付け、玄関のオートクローザー設置など、付加価値として考えられるものも多い。いわゆるバリアフリー住宅になることも考慮に入れてほしい。
共有部（通路、おどり場、玄関扉、出入口の段差、ベランダなど）についても他の高齢者やベビーカーなどにとっても使いやすくなることは言うまでもない。
また、今回、以前障害のある人が住んでいたリフォーム済物件に別の障害者が入居した例があった。この場合、助成金の有効利用ができ、供給を広げることにもつながる。

提　案
行政が助成した賃貸物件は、行政で借り上げるなどしてストックしておき、障害者向住宅の確保促進をすべき。またその窓口設置を。

7ヶ月目、ようやく改造できそうな希望の物件がみつかった。
出入口、トイレ、お風呂などの改造が必要になりそう。
どんな手順で進めていけばいいの？

〈名古屋市の場合〉……各自治体によって異なる
　助成金を利用するなら区役所へすぐ申請
　↓
名古屋市
総合リハビリテーションセンター訪問調査
　↓
申請手続き　※参考資料頁参照

申請～工事終了時期が年度をまたがる場合
申請は翌年度もちこし処理扱いとなるので
申請時期は充分注意しよう。

要望
　申請手続きにかかる期間を短縮してほしい。数ヶ月もかかり、それから改造にとりかかり住めるようになるまで現住居の家賃の両方を支払わなくてはならない。年金のみで暮らす人にとっては負担が大きすぎる。
　申請中の家賃助成が望まれる。

提案
　行政本位の年度制度は、撤廃すべき。
　生活は止まっていられない。

設計士さん、大工さんはどうやって見つけるの？

住宅リフォームの経験者に
この人は良かったという人を
紹介してもらうのもいい。

信頼できる施設職員（自立の家など）
にも相談してみよう。

要望
　身近に知り合いの専門家がいない場合、まずどこに相談にいったら良いかがわからない。住宅リフォームの知識を収集したり、業者の紹介など情報収集できる機関が必要。
　さらに、障害にあった住宅リフォームの知識、経験豊富な専門家（たとえばリフォームヘルパーチーム）の相談機関の充実が望まれる。

いよいよ打ち合わせ開始…ドキドキ。
自分の要望は伝わるかな…。

自分の要望をしっかり伝えられるように
現場で自分の1日を
シュミレーションしてみるといい。

自分が朝起きてから寝るまで
どういう動きをしているか
チェックリストをつくってみよう。
介助の必要な人は介助のしやすさも考えて。
たとえば、トイレに行くとき
　　　1　出入口は通れるか
　　　2　スイッチはつけられるか
　　　3　便器まで近づけるか
　　　4　便器に移れるか
　　　5　用は足せるか
　　　6　流せるか　　　　　　など

毎日の生活になるのだから
がんばればなんとかできるという
基準はもたない方がいい。

動線をじっくり一緒に
考えてくれる人を見つけよう。

> **要望**
> 　身体状況の制約が多様なため、平面図だけではイメージはつかみにくい。
> 　機器や材料・材質の現物確認や使用、実際に改造した住まいの体験ができる場が必要。

> **要望**
> 　住宅改造プランを2,3ステップ提案してほしい。
> 　　1　症状が改善した時
> 　　2　現状
> 　　3　介助量が増えた時
> 　　4　全介助になった時

出入口、トイレ、お風呂、スイッチ位置変更など
全部含めたら100万円では納まらなくなった。

自己負担が不可能な場合は
自分にとっての優先順位を決めておこう。
その時、安全性を充分考えて。

あまりにもケタはずれな見積もりが出されたら、
他の業者にも見積もってもらうことも考えよう。

名古屋市には300万円の融資制度もある

> **問題提起**
> 　せっかくの融資制度も保証人がネックとなり、利用できないことが多い。第三者機関保証人制度が適用されるといい。

> **要望**
> 　現在、助成金額は名古屋市一律上限100万円であるが、地域格差がかなりある。また、障害の度合いによって必然的に改造仕様は違ってくる。個人個人にあった助成のあり方が望まれる。
> 　その方法としては、医療・福祉・建築の連携がとりやすい情報網と、人権に基づいた情報公開のシステムづくりがあげられる。

契約

どんな小さな工事でも、最低限、金額と工程（完成予定日）の契約を書面上で交わすこと。

リフォーム工事開始

工事現場に入ることはなかなか難しいが、できる限り自分でチェックしようと努力すること。
スイッチ位置ひとつにしても、高さが少し違うだけで、自分でできるできないの境目となることを忘れないで。

完成

契約通りにできたか必ず確認しよう。

入居

隣近所にあいさつに行こう。
日常生活は介助が入るので人の出入りがあることや、何かの時に手助けを頼みたいことなど、伝える必要のあることは伝えておこう。
近所付き合いは大切に。

実際生活してみると使いづらいところがでてくるなぁ…

まず、リフォームをした業者さんに連絡をとってみよう。

要望

本人の動線をよく理解した上で本人とコミュニケーションを充分にとりながら進めていってほしい。スイッチ・手すりの位置、高さ、蛇口の形状・位置ひとつひとつを各工事の事前に確認できるように工程をくんでほしい。

障害があると体を家に合わせることはできない。家を体に合わせるようにリフォームするのです。

要望

リフォームしたら終了ではなく、その後々の生活状態から生じる不具合もフォローしてほしい。

リフォーム後何年か経過してからの不都合を相談できる窓口の設置を望む。

> 4～5年後、障害が重くなった時は
> どうしたらいいんだろう。

自分の将来を考えた上での改造計画も
大切なポイント。信頼できる医療者など
から自分の将来のADLについて
聞いておくのもいいかも。

引越した場合には、もう一度助成を
受けることができる。
選択肢のひとつとして考えて。

要望
障害のある人のADLは日々
変化していく。それに合わせて
改造できるように助成制度の柔
軟性が望まれる。

提案
現状のように障害等級で助成が
決定されるのではなく、身体状況
に即した助成制度に変わるべき。

　家探しから1年近くかかってやっと形になってきた"自分の玄関"がある自分の部屋。途中で本当にできるんだろうかと不安になったり、こんなに大変なことなら、やめちゃおうかと思うこともあったけど、それ以上に得られたものはとても大きい。
　たとえどんなことでも、それが本当に自分のしたいことであるならば、やる必要のないこととか、やってはいけないことっていうのはないんじゃないか、まずはやってみようと思う第一歩から始まるんだ、今そう感じている。すてきな人を見つけて結婚することだって夢じゃないような気さえする。いちから始まる私の生活。ばんざーい！私の空間！！

〈資　料〉

1. 名古屋市障害者住宅改造補助金支給申請書
2. 障害者住宅改造補助事業のお知らせ
3. 障害者住宅改造補助事業の流れ

(第1号様式)

名古屋市障害者住宅改造補助金支給申請書

平成　年　月　日

(あて先) 名古屋市長

申請者住所

フリガナ
氏　　　名　　　　　　　　　　　　　　　印

電話番号

　下記のとおり、住宅改造補助金を支給申請します。
　必要があるときは、住民基本台帳、課税資料及び介護保険の要支援・要介護認定結果資料の閲覧に同意します。

1　障害者の状況

氏　　名		男・女	生年月日	年　月　日（　歳）
			電話番号	
住　　所				

身体障害者手帳	番号　第　　　号	交付日　年　月　日	等級　種　　級
	障害名		

愛護手帳	番号	交付日　年　月　日	程度　　　度
自閉症状群	□特別障害者手当受給	□障害者医療証交付	□診断書添付
介護保険	被保険者番号	介護度	年　月　日認定(申請)

2　工事計画

工事箇所	□浴室　□便所　□居室　□台所　□玄関　□廊下
	□階段　□屋外通路　□その他（　　　　　　　）
工事内容	□改造　□増築　□増改築　□その他（　　　　　）
工　期	着工予定　平成　年　月　日　竣工予定　平成　年　月　日　　日間
工事見積施工業者	電話番号（　　　　　）
工事見積書	浴室　　　　　円　日常生活用具　　　　円
	便所　　　　　円
	その他　　　　円　合計　　　　　　円

3　工事計画に関する添付書類
　(1)　工事内容見取図
　　　全体の平面図、工事箇所の工事前、工事後の平面図及び立面図(透視図)並びに配置図
　(2)　工事見積書（工事施工者の見積書とし、工事箇所に分けること。）
　(3)　建築基準法にもとづく建築確認を要する場合はその建築確認書の写し
　(4)　土地家屋所有者承諾書の写し

障害者住宅改造補助事業のお知らせ

　名古屋市におきましては、心身に障害のある方が身体状況に応じた住宅改造補助金工事を行う場合、専門家による訪問相談及び工事費用の一部を補助しています。

1　対象者
　名古屋市民で、住宅改造工事を必要とする次の方が対象です。
　　（1）肢体又は視覚それぞれの障害により1級から3級の身体障害者手帳をお持ちの方
　　（2）1度から3度の愛護手帳をお持ちの方
　　（3）医師に自閉症状群と診断された方

2　訪問相談
　身体状況に応じた住宅改造補助金や福祉用具・福祉機器の活用について、理学療法士又は作業療法士、ケースワーカー、住宅相談員が家庭を訪問し専門的な相談に応じます。訪問相談については、身体障害者手帳・愛護手帳をお持ちか又は自閉症状群の方が住宅改造工事を希望される場合、申し込みできます。

3　補助対象工事
　障害のある方の身体状況に応じた工事で、日常生活の利便の向上、安全性の確保あるいは介護者の負担の軽減等に効果があると認められる工事が対象になります。
＊補助対象例
　　（1）下肢・体幹機能障害
　　　・手すりの取付工事
　　　・段差の解消工事
　　　・スロープの設置工事
　　　・扉（出入口）の変更工事
　　　・シャワーの設置工事
　　　・和式便器を洋式便器に取替
　　　・和室の板張工事
　　　・リフト（昇降機）の設置工事
　　（2）上肢機能障害
　　　・特殊便器（温水洗浄便座）の設置工事
　　　・扉の変更工事
　　（3）視覚障害
　　　・手すりの取付工事
　　　・段差の解消工事
　　　・点字ブロックを貼る工事
　　（4）知的障害者・自閉症
　　　・特殊便器（温水洗浄便座）の設置工事
　　　・安全柵・遮音壁・緩衝物をつくる工事

4　補助額の範囲
（1）　補助の対象となる工事に要する額又は補助限度額のいずれか少ない額から自己負担額を差し引いた額が補助されます。【補助限度額100万円】。ただし、個々の工事箇所について次の額が限度となっています。
　　ア　浴室の工事…限度額50万円　　　イ　便所の工事…限度額50万円
　　ウ　その他の工事…限度額50万円
（2）介護保険による要支援又は要介護認定を受けた方の場合。
　　ア　福祉用具の購入・貸与に該当する物品については、補助の対象になりません。
　　　例）腰掛便座、補高便座、昇降便座、簡易スロープ
　　イ　申請のあった補助対象工事内容に、介護保険住宅改修費の支給可能な住宅改造を含む場合は、補助基準額から一律に20万円を控除します。
　　　例）屋内の手すりの取付、段差解消工事
（3）自己負担額は、世帯の最多所得者の前年分所得税課税額により算定されます。
　　この場合の自己負担額の算定は、最多所得者1名の所得税課税額とし、当該障害者の扶養義務者以外の方は除かれます。前年分所得税課税額は補助金申請月日が1月1日から6月30

日にあっては前々年分となります。
- ア　所得税課税額42,000円以下の世帯　　　　　　　　　自己負担なし
- イ　所得税課税額42,001～156,000円以下の世帯　　　　自己負担率4分の1
- ウ　所得税課税額156,001～929,400円以下の世帯　　　自己負担率2分の1
- エ　所得税課税額929,401円以上の世帯　　　　　　　　申請できません

5　補助金再申請

　補助を受けた方が、障害状況の変化、転居等により再度工事を必要とする場合は、再申請ができます。ただし、障害状況の変化による再申請は、原則1回限りとし、既に補助を受けた工事個所の同じ工事内容の再申請はできません。

6　申し込み・問い合わせ

　申請手続きなど詳しいことについては、お住まいの区の区役所民生課民生福祉係（社会福祉事務所）へお問い合わせください。

介護保険により対象となる品目について（申請窓口は介護福祉係になります）

1．介護保険における福祉用具レンタル品目
（1）普通型車椅子、介助用車椅子、電動車椅子
（2）車椅子付属品（クッション、電動補助装置、テーブル、ブレーキ）
（3）ベッドとベッド付属品（サイドレール、マットレス、ベッド用手すり、テーブル）
（4）じょくそう予防用具　　　　（5）体位変換器
（6）手すり　　　　　　　　　　（7）スロープ
（8）歩行器　　　　　　　　　　（9）歩行補助杖
（10）痴呆性老人徘徊感知機器　　（11）移動用リフト（つり具は除く）

2．介護保険により購入する物品
（1）腰掛け便座、補高便座、昇降便座
（2）特殊尿器　　　　（3）入浴補助用具
　入浴用椅子、簡易手すり、浴槽内椅子（浴槽台）、入浴台、すのこ
（4）簡易浴槽　　　　（5）リフトの吊り具

3．介護保険で請求する住宅改修について（償還払いとなります）
（1）工事内容
　①　手すりの取付　　　　②　床段差の解消
　③　床材の変更　　　　　④　引き戸等への扉の変更
　⑤　洋式便器への取り替え　①～⑤の付帯工事
（2）支給申請（申請にあたっては介護支援専門員に相談して下さい。）
　①　申請書
　②　必要な添付書類
　　・住宅改修に要した費用に係る領収書
　　・住宅改修が必要な理由書（介護支援専門員による証明書）
　　・完成後の状態が確認できる書類（改修前後の日付入りの写真）
　　・所有者の承諾書（住宅の所有者が異なる場合）

障害者住宅改造補助事業の流れ

区役所民生課　民生福祉係　訪問相談申請
- ○区の窓口で相談して、訪問相談申請書を提出してください。

↓

家庭訪問　住宅相談
- ○リハビリテーションセンターから訪問相談日の連絡があり、おおよそ4週間後にセンターの理学療法士又は作業療法士、ケースワーカー、住宅相談員が家庭を訪問し専門的な相談に応じます。
- ○障害者本人が病院等に入院中の場合、できる限り外出又は外泊をしてください。
- ○住宅改造の工事施工業者が決まっている場合は、訪問相談に立ち合うように依頼してください。
- ○補助金の申請書をわたして、申請に必要な書類の説明をします。

↓

工事内容打合わせ　工事見積　工事契約
- ○訪問相談後必要がある場合は、おおよそ14日後に「調査・指導書」と「工事図面（案）」を送付します。
- ○工事施工業者は指定がありませんので、申請者の方から工事の依頼をしてください。
- ○工事は、申請者と業者との契約になります。
- ○送付された「工事図面（案）」の内容についての確認や工事内容の変更を希望する場合は、リハビリテーションセンター担当者まで連絡してください。

↓

区役所民生課　民生福祉係　補助金申請
- ○身体障害者手帳と印鑑を持参して必要な書類を提出してください。
  - ・障害者住宅改造補助金支給申請書（係にあります）
  - ・工事の図面
  - ・工事見積書（業者の社印・代表者印を押印してあるもの）
  - ・建築確認書の写し（増築等）
  - ・土地家屋所有者承諾書又は公営住宅等模様替許可証の写し
  - ・日常生活用具給付申請書（係にあります）
  - ・日常生活用具見積書（業者の社印・代表者印を押印してあるもの）

↓

（補助金審査）（決定通知）
- ○名古屋市が審査をし補助の可否を決定します。（審査会毎週木曜日）

↓

工事着工
- ○補助金支給決定後の工事内容の変更はできません。

↓

工事完了
- ○工事が完了したら、すぐに区役所民生課民生福祉係へ連絡してください。

↓

区役所民生課　民生福祉係　完了検査現場確認　補助金請求
- ○工事完了後、補助金の請求をしてください。
  - ・工事完了届（係にあります、印鑑は申請書と同一のもの）
  - ・工事施工者の請求書（業者の社印・代表者印を押印してあるもの）
  - ・請求書（係にあります）
  - ・建築確認申請をした工事については、その検査済証の写し
  - ・日常生活用具給付券は取扱業者へ提出
    （自己負担額及び差額の支払い）

↓

補助金支払い
- ○完了検査、補助金請求後40日以内に補助金を名古屋市から口座振込します。

＊介護保険の住宅改修費については、所定の手続きにより償還払いを受けることができます。

あ と が き

　人街なごやネットのリフォーム部会による「AJU自立の家」から卒業していかれた方々20人の住まいのリフォーム調査は、2年以上の年月を経て出版することができました。

　昭和42年のスキーバスの転落事故から車いすでの生活を続けておられる淺井貴代子さんのもとに集まった多くの仲間は、その時・場面で自らのために楽しみながら……少し苦しみながら、障害をおもちの方が地域で住みたいための葛藤を調査し、発表しあい、一緒になって学んできました。一年余が過ぎて部会は編集委員会名が付き、「3歩進んで2歩下がる」悩みの打ち合わせ会が続きました。そんな時、背中を押してくれたのは、住まいに出迎えてくれた方々の笑顔であり、「AJU自立の家・10年の記録」の重みだと思います。

　さらに、最初の集まりで語った障害をお持ちの方が生活するための知恵・住まいのリフォームは、まさに2020年にピークを迎える高齢社会の住まい・地域の役割を示唆する鏡であり、自分たちのためのやさしい住まいをみつけたいと確認しあったことだと思います。

　椙山女学園大学の高阪教授の調査による「高齢者の居住ニーズ」で、定・近・混・自・安住のなかで住みつづけたいと願う思いの実現は、集まった福祉・保健・医療・建築の各分野において、取り組んでいかなければならない課題であり、連携を必要とします。

　厚生省が進めてきたリフォームヘルパーチームによる住宅改善事業は専門家チームの連携による住まいづくりの第一歩であったと思います。愛知県においては、平成8年度より人にやさしい住宅リフォーム制度として3年間で1628件の補助金が交付され、多くの自治体で介護保険の住宅改修事業に引き継がれています。しかしながら、本文の「リフォームした人に聞きました」でもおわかりの様に、事前訪問調査だけの提案・指導は、ハードに頼りハートがないマニュアルの住まいを造ってしまっています。今までよりはよくなって感謝されてはいますが、満足していない現状を見つめ直す必要があります。

　各専門分野ごとに問題点を解決し、チームの連携により改善の意図を下請けシステムの機器メーカー・工事者に伝えて、使えない・使われない改善をなくしていかなければなりません。本文で「わたしの住まいができるまで」として問題点・提案をあげるなかで、多くの仲間が具体的に解決していく組織の必要を感じ、作業と並行して議論してきました。

　障害をお持ちの方を中心に各専門家がサポートしながらおこなう住まいの

相談・提供・研究活動を目的としたやさしい住まいの支援ネットが討論の上、生まれました。この一連の活動が評価され「エイボン女性文化センター」の2001年エイボン・グループサポート助成グループ20の一つに選考されました。出版費用の一部として助成金を使用することができ、感謝・お礼申し上げるとともに、あらためて私達の活動が、地域社会のなかで必要とされ期待されている大きさに身がひきしまります。

　今、ここに風媒社のご協力により一冊の本となり世の中に旅立ちますが、淺井貴代子さんのもとに集まった仲間は、まさに地域のなかで暮らし始めた重度障害者と同じ思いであります。皆様方の暖かいご意見・ご批評をお寄せ下さい。

やさしい住まいの支援ネット
加藤幸雄

やさしい住まいの支援ネット
(tel/fax) 052-879-5551
Email：sumai-sien@freeml.com

調査・編集協力者一覧

調査
淺井貴代子	あさいきよこ
石原光朗	いしはらみつろう
井上義英	いのうえよしひで
大谷京子	おおたにきょうこ
大塚真見	おおつかまみ
奥田宮子	おくだみやこ
加藤幸雄	かとうゆきお
小出やよい	こいでやよい
高阪謙次	こうさかけんじ
才本清継	さいもときよつぐ
鈴木さよ	すずきさよ
鈴木里佳	すずきりか
高山佳子	たかやまよしこ
田原美智子	たわらみちこ
野崎勉	のざきつとむ
納戸道子	のとみちこ
二村檀	ふたむらまゆみ
古田利江子	ふるたりえこ
水野陽子	みずのようこ
満井明希子	みついあきこ
安富有子	やすとみゆうこ
山口治	やまぐちおさむ

椙山女学園学生　住み方図作成者
池田千咲	いけだちさき
小野舞子	おのまいこ
梶口貴子	かじぐちたかこ
梶村仁美	かじむらひとみ
木村尚子	きむらなおこ
陶山知里	すやまちさと
林美咲	はやしみさき
山崎由紀子	やまさきゆきこ
横井覚子	よこいさとこ
横井里弥	よこいさとみ

愛知工業専門学校学生　立体模型作成者
相曽理恵	あいそりえ
石原靖久	いしはらやすひさ
小粥哉澄	こがいかずみ
後藤秀明	ごとうひであき
鈴木眞己	すずきまさみ
鈴木亮祐	すずきりょうすけ
田中美奈	たなかみな
土屋範和	つちやのりかず
楢木佑介	ならきゆうすけ
西村健	にしむらたけし
東方亜由美	ひがしかたあゆみ
堀生恵	ほりいくえ
本田武士	ほんだたけし
松浦弘征	まつうらひろゆき
村瀬慶紀	むらせよしのり
松浦裕嗣	まつうらゆうじ
山下和人	やましたかずと
山下裕之	やましたひろき

編者〈編集順（ ）内は編集担当箇所〉
淺井貴代子（はじめに、2章）
　社会福祉法人AJU自立の家サマリアハウスデイセンター施設長
大谷京子（2章）
　社会福祉法人AJU自立の家生活情報センター
高阪謙次（3章）
　椙山女学園大学教授
加藤幸雄（3章、あとがき）
　やさしい住まいの支援ネット、建築士
納戸道子（3章）
　人にやさしい街づくりなごや地域ネット、インテリアコーディネーター
井上義英（3章）
　やさしい住まいの支援ネット、建築士
田原美智子（4章）
　日本福祉大学高浜福祉専門学校作業療法士
満井明希子（4章）
　作業療法士
古田利江子（5章）
　アイホン株式会社、福祉住環境コーディネーター
鈴木さよ（6章）
　やさしい住まいの支援ネット

AJU自立の家

「愛知県重度障害者の生活をよくする会」(通称よくする会)をスタートに、1990年4月1日、社会福祉法人「ＡＪＵ自立の家」として開設。「障害者の下宿屋」を自称する「福祉ホーム　サマリアハウス」。身体障害者通所授産所「わだちコンピューターハウス」、「デイセンターサマリアハウス」の3施設で構成されている。

地域で住まう・やっと実現！　玄関のあるくらし

| 2001年10月25日　第1刷発行 | (定価はカバーに表示してあります) |
| 2006年5月24日　第2刷発行 | |

編　者　　淺井　貴代子

発行者　　稲垣　喜代志

発行所　名古屋市中区上前津2-9-14　久野ビル
　　　　振替00880-5-5616　電話052-331-0008
　　　　http://www.fubaisha.com/　　　　風媒社

乱丁・落丁本はお取り替えいたします。　　＊印刷・製本／大阪書籍
ISBN4-8331-1057-1　　　　　　　　　　　装幀・深井　猛